レシピの役には立ちません

阿川佐和子

新潮社

注意のような前書き

本書は、私が普段、台所で試行錯誤、というか、オリジナル、というか、つまるところ、傷む寸前の材料を再生させてなんとか作り上げたシロモノをめぐるエッセイを中心にまとめた。

自分ではおいしい仕上がりになったものばかりだと信じている。読者によっては、「大丈夫か？」と心配する向きもあるだろう。でも中には、「読んでいるうちに無性に食べたくなっちゃった」なんて心を躍らせ胃袋を唸らせ、「さっそく今夜、作ってみようかしら」と台所に向かってくださる方もおられるにちがいない……と信じている。

ただここでお断りをしなければならないことが一つある。

すなわち、本書をどれほどじっくり読み込んだところで、詳細なレシピは記されていない。記さなかったのは私だが。作り方については、「だいたい」とか「少々」とか「たらたらたら」とか「ちょちょっと」などという言葉が多く使われている。使ったのは私だが。とにかくその点をご理解いただいた上で、台所に向かってくださいませ。

料理はレシピにあらず。料理は気分と好みと胃袋のかたちと、そして勢いである。おいしくなれ、おいしくなれと願っていれば、必ずおいしくなる。もしもおいしくならなかったら、その失敗は必ずや、次の「おいしい！」へつなげる架け橋となるであろう。

本書をレシピ本としてではなく、「こんなことなら自分が作ったほうがましだ」と、料理意欲と食欲をかき立てる材料として読んでいただければ、幸いです。

レシピの役には立ちません●目次

レシピの役には立ちません

お苦手な食材

ラクダのつま先、ゾウの鼻

レストランへ行くと、必ずと言っていいほど聞かれるのが、

「お苦手な食材はございますか？」

いつからこういう質問が恒例になったのか。おそらくアレルギー体質の問題が世間で騒がれるようになってからだろう。アレルギーと知らずに提供し、食事中に具合が悪くなられでもしたら大変だ。あるいは嫌いだと言われて残されては悲しい。そういうことを避けるため、事前に確認しておこうという店のサービスの一つと思われる。もちろん客にとってもありがたい一言である。しかし、私はこの質問をされた当初は慌てたものだ。

え、自分の嫌いな食べものを、ここで公表するのですか？　こんな、他の人たちの大勢いる前で？

私の子供時代、好き嫌いをする子供は、いけない子と相場は決まっていた。

「好き嫌いをしてはいけません。なんでもおいしく食べなさい」

それが大人の常套句であった。「ニンジン嫌いのやせっぽち」というかるたの文句を唱

えるたび、「好き嫌いをしてはいけない！」と叱られている気がした。良い子になるためには、嫌いな食べものを無理してでも食べなければならなかった。

小学校へ入学するための健康診断の日、私は心臓が止まるかと思うほど恐れおののいていた。公立の小学校だったが、健康診断に合格しないと入れてもらえないという噂を耳にしていたからだ。その判断基準の一つに、「嫌いな食べもの」をお医者さんに告白しなければならないという難関があるらしい。

先生の指示に従って保健室の前に来ると、男子も女子も上半身を裸にされて一列に並ばせられた。今思うとその光景はなかなかシュールであった気がするが、五、六歳の子供にとっては「恥ずかしい……」という自我が生まれるギリギリ以前のことだった。

さて、その一列縦隊の先の、白いカーテンの向こう側に、恰幅のいいお医者様が小さな椅子に腰掛けて、一人ずつ、順次問診していく。じわじわと自分の番が近づいてきた。どうしよう。嘘をついたら怒られる。でも正直に言ったら、小学生になれないかもしれない。ドキドキしながら待つうちに、とうとう自分の番が回ってきて、お医者様が私の腕を取って引き寄せた。冷たい聴診器が胸の数ヶ所に当てられて、たちまち静寂が訪れる。ここで自分の運命が決まるのだ。ドキドキドキドキ。と、やおら沈黙が破られて、予測していた質問が飛んできた。

「嫌いな食べものはありますか？」

私はびくびくしながら小声で答えた。

「シイタケ……」

はたしてお医者様はなんと反応なさるか。泣きそうな顔でそっと顔を上げると、

「それくらい、問題ない！」

大きな声でそう言うと、お医者様は私の背中をパンッと思い切り叩いて前に押し出した。

終わった……。シイタケが嫌いでも小学生になれるんだ。私は天にも昇る気持であった。

しかし、いざ入学してみると、試練はたくさん待ち受けていた。給食というのはどうしてこうもシイタケをふんだんに使うのだろう。八宝菜、お煮染め、酢豚……。たいていのおかずにはベロンと大きなシイタケが入っていた。

当時の私にとって、もちろんいちばん嫌いな食べものはシイタケであったけれど、キノコ類全般が苦手だったので、松茸ご飯などまったくありがたくなかった。松茸ご飯が出てくると、松茸をさけてご飯だけ食べていたぐらいである。

キノコ類に限らず、その他の野菜、たとえばニンジンとか牛蒡とか玉ねぎとかも、大きなかたまりで出てくると、積極的に食べたい気持にはならなかった。しかし給食は容赦がない。

「ぜんぶ食べ終わった人から校庭に出てよろしい」

先生の一言に、私は何度泣いたことだろう。とうとう教室で最後の一人となり、吐きそ

うになりながらシイタケやニンジンを飲み込んだ日もあった。まもなく、男の子の一人に言われた。

「アガワさんって、かけっこは速いけど、給食食べるのは遅いんだね」

下駄箱でさりげなく指摘され、小学一年生ながら観察眼が鋭い子だなと、感心したのを覚えている。

不思議なことに、あれだけ口うるさい父に、食事をさっさと食べなさいとは言われても、好き嫌いについて怒られた記憶があまりない。なぜだろう。父自身、好き嫌いが激しかったかと言うと、そういう印象もない。はっきりしているのは、不味《まず》いものが嫌いだったということだけである。だから、ひたすら学校での厳しい躾の成果と思われるが、私は成長するにつれ、ニンジンも牛蒡も、シイタケですら食べられるようになった。今でも干しシイタケの大きなかたまりがドカンとお皿に載っているのを見ると、数秒間は躊躇するが、食べられないわけではない。まして生シイタケに至っては、今や大好きだと胸を張って言える。ある日突然、シイタケの天ぷら、シイタケのバター炒め、シイタケの肉詰めなどを口に頬張って仰天した。なぜ私は子供の頃、こんなにおいしいものが嫌いであったのかと不可解に思ったのである。いや、シイタケのどこが嫌いだったかははっきりわかっている。強烈な匂い、噛もうとしたときの歯の間に残るぬめっとした口当たり。あのえも言われぬ感覚が蘇ると、かすかに「怖い……」と思わないわけではないが、大丈夫です、大丈夫。

世の中には子供の頃の苦手な食べものを克服できずに大人になる人もいるようだ。私の弟は、幼い頃、姉の私が強制的に食べさせようとしたらしく、「茄子が食べられないのはお姉ちゃんのせいだ」と今でも非難に満ちた顔をする。ときどき一緒にご飯を食べるとき、「麻婆茄子はどうかな？　おいしそー」

注文しようとすると、

「だから何度も言うけどね、俺、茄子は嫌いなの。お姉ちゃんのせいで」

そして弟から、茄子の油炒めかなにかを「食べないと遊んでやらないぞ」と私に脅されて、泣きながら、吐きそうになりながら口へ突込み、そのあと耐えられなくなってお手洗いへ駆け込んだ、その日を境に茄子が大嫌いになった、という話を聞かされるハメになる。この会話を五十回ほど繰り返しただろうか。ようやく最近、「弟は私のせいで茄子が嫌い」であることが脳に定着した。

他人の好き嫌いはなかなか覚えられないものである。グラフィックデザイナーの長友啓《けい》典《すけ》さんは、キュウリが大の苦手であった。もはや七十歳を越えて久しいのに、子供みたいだ。ゴルフ場のレストランでサンドイッチを注文するときは、必ず「キュウリを入れないで」とウエイターさんにお願いする。その様子を見て、私はつい、訊ねる。

「キュウリがダメってことは、瓜系全般がダメなのですか？」

そういう質問を前にもしたことがある気がするが、それでも長友さんは嫌そうな顔一つ

せず、「そうやねえ」と優しい大阪弁で残念そうにおっしゃる。「そうやねえ」とやんわりお答えになるわりには、その嫌いの度合いは相当なものらしく、隣で誰かがキュウリを食べているのを見るのも、テーブルにキュウリが並んでいるのも「できれば、やめてもらいたい」ほどの頑なさであった。

「そうかあ。よく覚えておきます」

前にもそう約束したような気がしつつ、まもなく私は別の店で再び訊《き》いてしまう。

「長友さん、この店のキュウリのお新香が美味しいんですよ」

「ありがと。でも僕、キュウリ、ダメやから」

「あ、そうでしたね。じゃあ、ゴーヤチャンプルは？　おいしそうですよ」

「だからね、ゴーヤもダメなの」

「あ、そうか、ゴーヤもね、キュウリの親戚ですもんね」

「何度言うたらわかるの！」

「何度、訊いても、忘れるんです」

私がどうしても覚えられないのには、理由があるのだと思う。それは、キュウリが嫌いな人がいるなんて、認めたくないからではないか。キュウリが嫌いということは、あの香ばしいキュウリの糠漬けも、生姜と紫蘇で和えたキュウリの古漬けも、おいしいカッパ巻きも、千切りキュウリのはいった冷やそうめんも食べられない。夏の盛り、氷水に浸けた

採れたてキュウリを一本取り出して、胡椒や塩や、はたまたマヨネーズをつけ、カリポキッという爽やかな音とともにかぶりつく、あの快感を味わえないのである。それは日本人としてどうなのか。いやいや、ギリシャ人だって残念がると思う。ギリシャの料理に出てくるヨーグルトに浸けられたキュウリサラダは絶品だ。ギリシャ人にもあのサラダを苦手とする人がいるだろうか。それはまるで、トマトを嫌いなイタリア人か、ニンニクの嫌いな韓国人か、カレーが嫌いなインド人のように残念なことだと思う。でもキュウリの嫌いな長友さんは、キュウリを嫌いなまま、先年、逝ってしまわれた。あのキュウリ漫才のようなやりとりをすることも、もはや叶わない。

大人になってから新たに苦手な食べものが現れることもある。でもそれすら、私はだいたい克服してきた。たとえば二十代の頃に出合ったパクチー（香菜《シャンツァイ》）を、初めて口にしたときは、なんだ、このドクダミのような葉っぱはと仰天したが、めげずに食べ続けていたら、今や私の食生活になくてはならぬ存在と化した。ドリアンとホヤとエポワスというフランスの臭いチーズも、初対面ではとうてい付き合えないと思ったが、何度も試すうちに虜になった。臭い食べものは悪女のごとし。一度、深みにはまると抜けられなくなる。

しかし、それほどに順応性の高い私とて、生涯二度と食べたくないと思うものがある。

ラクダのつま先と、ゾウの鼻である。

ラクダのつま先は内モンゴルで供された。珍味と聞いて即座に手を伸ばしたが、口に入

れた途端、気が遠くなった。いわゆるコラーゲンのかたまりで、つまりは豚足のような淡泊な味わいではあるが、その野性味溢れる臭いには打ち勝てなかった。これも何度か食べているうちに虜になるだろうか。二度目に食べる機会がないので、今のところ、苦手なままだ。

ゾウの鼻は国内で遭遇した。懇意にしている中華料理店のオーナーが、

「アガワさん、これ食べる？　おいしいよ」

小皿に出された茶色い乾物を「どれどれ」と、一口かじって、驚いた。どういう味だったか覚えていない。でも不味かったことだけは記憶にある。あれは本当にゾウの鼻だったのか、その店主が私をからかったのか。一度、確かめようと思いながら何年も経ち、その店主が亡くなられたと風の便りに聞いたので、この一件は謎のままである。

「お苦手な食材はございますか？」

レストランにて問われると、数年前からこう答えることに決めている。

「苦手なものは、ラクダのつま先とゾウの鼻」

たちまち笑われるのだけれど、ウケを狙って申し上げているのではない。実際に経験した上での、私の「お苦手な食材」なのである。

日々まめまめしく　レンズ豆

　ファッションデザイナー島田順子さんの東京のお宅（普段はパリ在住）に招かれたとき、見た目も珍しい料理が供された。黒茶色をした米粒のようなつぶつぶが器にこんもりと盛られている。なんですかこれと問うと、

「レンズ豆。なんでも好きなものと合わせてどうぞ」

　仰せに従ってスプーンで手元の取り皿に載せ、野菜サラダとともに、あるいは肉料理に添えて、はたまたパンにつけて口へ運ぶと、

「あら、おいしい！」

　なんと申しましょうか、プツプツとした感触が楽しくて、しかし胃に重すぎることがなく、ちょっとした味のアクセントになる。豆と一緒に混ざっているのは、ニンジン？　玉ねぎ？　あと、なんだろう。塩胡椒と何やらスパイスも効いているようだが、同時にほのかな甘みもある。さすがパリ仕込み。レンズ豆のサラダはパリの食卓では常備菜のようなものと聞く。おいしいおいしいと何度もおかわりをしていると、

「でしょ？　レンズ豆って何にでも合うのよ。カレーに入れてもいいし、スープに入れてもおいしいの」と島田さん。

知らなかった。自分の作る料理素材の抽斗《ひきだし》に、「レンズ豆」というアイテムはまったく存在していなかった。よし、今度、ウチでも作ってみよっと。

ちなみに「レンズ豆」のレンズとは、カメラのレンズから来た命名かと思っていたら、逆だった。最初に作られた凸レンズが、この豆の扁平な形状に似ていることから、カメラや眼鏡につけるガラスを「レンズ」と呼ぶようになったとか。ウィキペディア情報にてご免。

島田邸の晩餐からしばらくのち。行きつけのビストロのシェフに訊ねてみた。

「レンズ豆ってどうやって料理するの？」

「ああ、レンズ豆は簡単ですよ。前もって茹でておかなくてもいいから手間要らず」

「茹でなくていいの？」

「そうそう。ニンジンとセロリと玉ねぎを粗いみじん切りにして、水洗いしたレンズ豆と一緒に油で炒めて、そこへ鶏のスープをひたひたに入れてしばらく煮込めば出来上がり。味は塩胡椒でじゅうぶん」

そうかそうか。簡単と聞いて、私の創作意欲は更に増す。思えば私は「簡単！」という言葉に弱い。人によっては「割安」とか「限定」とか「今だけ」という言葉にピクリと反

応すると言うけれど、私はなんといっても「簡単！」に敏感である。どんなにおいしい料理でも「けっこう面倒くさいの」と言われるとたちまち萎える。作り方を説明されても、「ふんふん」と相づちを打つばかりで右から左へ抜けていく。しかし、レンズ豆は「簡単」なのだな。

こうして私は、普段、あまり足を向けない洒落たスーパーに赴き、島田邸でいただいたものほど黒くない、緑色をしたレンズ豆（調理すると色が濃くなることをあとで知る）を購入し、さっそく作ってみることにした。

まずレンズ豆を水洗いしてザルにあげておく。ニンジンとセロリと玉ねぎの粗みじん切り。ついでにリンゴも入れてみたらどうかしら。冬にいただいたリンゴが冷蔵庫の奥底でだいぶしなび始めた。このまま私を放置して、ゆくゆくは捨てるおつもりなんですね……。冷蔵庫を開けるたび、リンゴの恨めしそうな上目遣い（リンゴに目はないが）に胸を痛めていた。ジャムにしようと思いつつ、思いつつ、思いつつ、日が過ぎていく。どうしようかと思案していたところに、再生のチャンス到来である。しなびたリンゴの皮をむき、小さく切って待機させる。包丁で切った感覚は、間違いなくシャキシャキ感とはほど遠いものだったけれど、腐っているわけではない。レンズ豆や野菜と一緒に炒めてしまえば問題ないだろう。数日干したリンゴと思えばいい。

さて、細かく切ったニンジン、セロリ、玉ねぎ、しなびたリンゴとレンズ豆を深めのフ

ライパンに入れてオリーブオイルで炒める。ほどよく炒まった材料に、続いて材料がひたひたになるまでジョワーッと水を差し、そこへ鶏スープの粉末をパラパラパラ。鶏ガラスープを取って使えばもっとおいしいだろうが、ここは簡単を優先して。

クツクツ煮立ち始めたレンズ豆を横目にしつつ、他に加えたらおいしそうなものがないかと棚を漁る。なにか適当なスパイスはなかったかしら。と思ったら、干しブドウが登場。おお、これもレンズ豆に合いそうだ。袋から取り出し、パラパラパラと鍋に放り込む。ああ、いい香りがしてきたぞ。スプーンですくってちょっと味見する。おっと塩胡椒をまだ加えていなかった。パラパラ。それにしてもこの味、何かを思い出す。と考えたところ、クリスマスのときに作るローストチキンのお腹に詰め込むスタッフィングと似ている。スタッフィングには野菜類の他に鶏レバーや栗も入れるが、それらがなくても同類の味わいがするのはなぜだろう。セロリや玉ねぎと鶏の風味、そこにリンゴや干しブドウの甘みが加わることで、こういう味になるのかもしれない。とすれば、次のクリスマスシーズンにローストチキンを作るとき、スタッフィングにレンズ豆を入れる手はあるぞ。料理はこうして幅を広げていくのであるな。

豆が身体にいいとわかっていても、なかなか食する機会は少ない。子供の頃、祖母の家で昆布やひじきの混ざった煮豆をよく食べさせられ、豆料理は老人の献立だと思い込んでいた節がある。他に豆料理と言えば、正月に黒豆を食べる程度だろうか。豆ご飯は好きだ

けれど、数年に一度ぐらいしか作らない。納豆は豆だが、これは別格。サヤインゲンやサヤエンドウなどのサヤつきも別格かな。夏になると頻繁に枝豆を食べる。ビールに枝豆、最高ですね。思えば案外、豆を食べているではないか。でも、ゴロゴロのお豆を調理して食卓に並べることはさほどないまま大人になった気がする。

このたびのレンズ豆衝撃の前に豆料理に心惹かれたのは、はるか昔、アメリカでのことだった。

テレビのニュース番組の仕事を辞めて一年間、ワシントンでのらくら生活するにあたり、お世話になったアメリカ人ご夫妻宅でごちそうになったときである。

ちなみにその夫婦、料理を得意としているのはもっぱら旦那様のほうで、奥様はいつも隣で助手を務めていた。私が遊びに行くと、ご主人のジムがつなぎのジーンズにチェックのシャツという、アメリカ開拓時代のカウボーイのようないでたちでキッチンに立ち、寸胴鍋を木べらでかき混ぜながら、

「ハーイ。よく来たね。ほら、もうすぐできるぞ。見てごらん」

手招きされて、私はいそいそと鍋のそばへ走り寄る。いい匂いのする鍋を背伸びしながら覗き込むと、それは白インゲン豆と野菜と、肉などのゴロゴロ入った豆スープだった。

「わおー、おいしそー」

学校から帰った子供のように私は飛び跳ねる。するとジムは、それが合図かのように、

「さてと。豆スープが完成するまで、いつものを飲むかい？」

ジムと奥様のシャーリーンとのキッチンディナーで忘れられないのは、この豆スープと同時に教えてもらったマルティニの味である。ジムのマルティニは、いわゆるバーで出てくるような細長い足つきカクテルグラスを使わない。ドカンと厚手のガラスのコップで供される。しかもたっぷりの氷入り。ドライジンと少しのベルモットを混ぜて、最後にレモンの香りを振りかけるという、グラスも豪快なら作り方も豪快、そして飲む場所はいつもキッチンだ。「さあ、できたぞ。チン！」と立ったまま乾杯し、ギンギンに冷えたマルティニ・オン・ザ・ロックを口に運ぶときのしあわせなこと。ほろ酔い加減になった頃、いよいよ豆スープのお出ましだ。私とジムとシャーリーンは三人並んでキッチンのスツールに腰を下ろし、熱々のスープの器に顔を埋める。そのたび、私は絵本『3びきのくま』を思い出したものだ。その場にこぐまはいなかったけれど、私は巨大なジムお父さんくまと中くらいのシャーリーンお母さんくまに親切にもてなされる、道に迷った少女気分であった。

あのスープにはいったい何が入っていただろう。トマト、ニンジン、セロリ、玉ねぎ、もちろん白インゲン豆……。あとはお肉が入っていた気がするのだが、それが豚肉だったような、でもどういう部位だったのかわからない。アメリカ滞在中、私はジムに訊ねたことがある。

「ジムの豆スープの作り方を教えて」

するとジムは意外にも、

「これは極秘だ。誰にも教えない」

案外、ケチなジムのせいで、私の豆スープへの憧憬は、その後どんどん膨らんで、今や生涯でもっともおいしかった豆スープはジムの豆スープだったと確信してやまない。

余談であるが、そのアメリカでの生活を始めるにあたり、先方へのお土産に、はて何を持っていこうかと迷った。迷った末に、デパートの地下食料品街で見つけた「濡れ甘納豆」に決めた。いかにも和風で、日持ちがして、見た目に麗しく、そしてかさばらない。おお、ぴったりではないか。現地に着いてさっそく、私が通うことになったオフィスで知り合った若いアメリカ人女性の前に小さな包みを差し出した。

「これ、日本からのスーベニア。日本の伝統的なスイーツです」

するとその女性、キラキラ光る青い目を見開いて、

「オー、サワコ！　嬉しい！　ありがとう」

大いに喜んで小さなプレゼントを大事そうに抱え、自らのデスクに戻っていった……まではよかったが、まもなくのち、彼女がいとも悲しそうな顔でその包みを持って再び私の前に現れた。いわく、

「せっかくいただいたのに、ごめんなさい。これはどうしても食べられない。お豆が甘い

なんて、アメリカ人には信じられないの」

心底申し訳なさそうにではあったけれど、きっぱり突き返されたのである。驚いた。そしてそのとき私は初めて知った。そうか、アメリカ人にとって、豆が甘いという概念は「信じられない！」のか。豆スープしかり、チリビーンズしかり。甘い豆料理に馴染みがないのかもしれない。そう納得したのは今から三十年近く昔のことで、その後の和食ブームや日本食の世界的進出のおかげで今のアメリカ人は餡子も黒豆も舌に馴染んでいるかもしれないが、とにかく当時はそうだった。

さて、初めて作ったレンズ豆サラダは上出来であった。周囲からも賞賛の声が上がった。秘書アヤヤ、そして近年加わった同居人ともに、「おいしいね。洒落ているね」と褒めてくれた。が、いくら食べてもなくならない。カレーに入れたり、グリーンサラダにまぶしたり、温め直してまた保存したり。昨晩もさりげなく小鉢に入れて、まめまめしく勧めてみたのだが、同居人はさらりと目をそらし、

「あ、さっきたくさん食べた」

……ってことはもうじゅうぶんということらしい。やれやれ。私はレンズ豆君たちを小鉢からまた保存容器に戻す。……おいしいのにね。

アガワ仕事

カラスミみりん漬け

さる京都料理の老舗で食事をしたら、こよなくおいしいカラスミが供された。ただのカラスミではない。カラスミのまわりにイカが巻かれている。イカとカラスミがねっちりと密着し、なんともいえず味わい深い。感動し、

「このカラスミはなんですか？」

料理人の青年に訊ねると、

「オガワシゴトです」

オガワシゴト？

「小川へ散歩に行くぐらいの手軽さでできる料理のことを言いますんです。カラスミのまわりにイカを薄く巻いて、みりん粕に一ヶ月ほど漬け込んだものです」

この説明を聞いたかぎりでは、小川へ散歩に行く気楽さで作ることができるとはとうてい思えぬ手の込みようだが、日本料理の中では「簡単」な部類に入るのか。少なくとも手順自体はさほど複雑でなさそうだ。帰宅したのちネットで調べてみたところ、なるほど日

本料理の用語に「小川」という言葉が頻繁に使われていることを知った。

ただ、諸説ある。お店で聞いたとおり、「近くの小川へ散歩に行く程度の時間で仕上がる簡単な仕事」という解説もあったが、料理用語辞典によれば、

〈イカなどのすり身を薄くのして、カラスミ、鮭の燻製などを巻き込んだり重ねたりして、酢で締めるなどしたのち小口切りにする料理を小川と呼ぶ。盛りつけた際に小川のように見えることから、この名がつけられた〉

また他のブログでは、

〈魚貝などの素材をミンチ状にして塩と酢で締める手法を小川〆と呼ぶ〉

はたまた、

〈酢〆の一種だが、さほど酢を強く出さず、小川のように緩く締めるのを小川〆〉

あるいは、

〈刺身の手法の一種。アジ、サヨリなどの刺身の皮目に縦方向の切り込みを入れることを小川造りという。細かい切り目が小川に見えることから〉

ふーむ。よくわからなくなってきたが、私としては当初の「小川へ散歩に行くごとく気楽な気分で作ること」説を採用すると決める。その精神が気に入った。激しく手が込んでいなくとも、プロ級においしく作れる方法があるものだ。それを「小川仕事」と呼ぶのなら、そういう気持を大事にしたい。

さっそく冷蔵庫を開く。もちろん、カラスミを探すためだ。長年生きていると、いつのまにか到来物や、台湾旅行のお土産や、あるいは自分が台湾へ行った際に購入した一本、さらに貴重な友人手作りのものなど、さまざまな出自のカラスミが増えていく。なにせ珍味だ。高級品である。もったいないと思うがあまり、少ーしずついただくうちに残った。加えて味が濃いのでいっぺんにたくさんは食べられない。だから残った。はっけよい、残った残った。とはいえ、軽々《けいけい》には捨てられない。しっかり密封し、密封しすぎて正体知れずとなり、いつしか冷蔵庫の奥底に姿を隠す。

はてどこにしまったかしら。おお、あったあった。これは、いつ、どこで手に入れたものか。とんと思い出せないが、とりあえずヴィンテージ度合いが高い順に取り出して、中身を緇いてみれば案の定、カッチンカッチン。包丁で切ろうとしても刃が立たぬ。このままでは到底食べられない堅固なるカラスミを、どうすればおいしく食すことができるか……、と心痛めていた矢先、タイミング良く現れた「小川仕事」なる調理法である。

カチンカチンのカラスミを吟味した結果、二腹《ふたはら》を選び、保存容器に並べる。上からたっぷりみりんを注ぐ。カラスミの姿が半分隠れるほど注ぐ。本当は「みりん粕」と教えられたが、そういうものが手元にないうえは、みりんで済ませることにしよう。ここで読者は疑問に思うかもしれない。イカはどうした？　そうなんです。でも幸か不幸か手元にイカもない。そこで今回はカラスミだけでの実験とする。みりん漬けカラスミの入ったプラス

チック容器に蓋をして、調理終了。さてこれをどこに保存しておくか。みりんとの化学変化を目的とするのであれば、冷蔵庫へ入れる必要はないだろう。でも一ヶ月間、外で放置して大丈夫か。迷った末、決めた。前半十五日は調理台の上、後半十五日を冷蔵庫というのはいかがでしょう。

いずれにしても、こんな簡単な料理はない。みりんを注いだだけである。小川へ散歩に行くより簡単だ。フフフンフン。鼻歌も出てきた。でもすぐには食べられない。

待ち切れない私は二時間ほどして、ちょっと蓋を開けてみる。とろんとしたみりんが固いカラスミの表面で光っている。少しは染み込んだかしら。そっと取り出しまな板に置き、包丁を立てる。表面数ミリに包丁が入る。が、それ以上深くは切れない。冷凍庫に入れて置いたカチンカチンのアイスクリームにスプーンを差し込んだときの衝撃に似ている。まだ無理だな。

しかし、台所を通り過ぎるたび、カラスミ容器が気にかかる。いっそ他のことをしよう。気分が紛れる。そう思い、冷蔵庫の野菜入れを覗くと、忘れかけていた白菜が、へたへたと横たわっている。買ったのに使いそびれていた。そこでふと思い立つ。この白菜を漬け物にしよう。他のくず野菜や唐辛子とともに塩漬けにすれば、白菜漬けができるだろう。

くず野菜を探して冷蔵庫を漁っていると、目に留まったのは、冷蔵庫滞在期間長期とおぼしきキムチの器である。おお、キムチか。と、そこでまた思い立つ。この古漬けキムチ

と白菜を混ぜて漬け込めば、自家製キムチになるのではないか。

要領は以下の通り。へたへた白菜を一枚ずつに剝がして丁寧に手洗いし、適当な大きさに切って、大きめのボウルの中で塩を揉み込む。そこへ、生姜のカス、ニンニク、リンゴ（本当は梨を入れたいが季節はずれなのでリンゴで代用）のざく切り、人参の尻尾、出汁昆布のカス、カリカリに乾燥したちりめん山椒、そして古漬けキムチをドバッと投入し、手でよくかき混ぜて、木製の落とし蓋をし、その上に……漬け物石に代わるものはなかったか。考えた末、はたと思いついた。

そうだ、ゴルフボール！

我が家に使い古しのゴルフボールがたくさんある。それをビニール袋につめ込んで口を閉じ、重石にする。この状態で数日間放置すれば、古いキムチのエキスが塩もみ白菜に移っていき、徐々に発酵が進行し、浅漬けキムチぐらいにはなるだろう。なんと簡単で優れたアイディアではないか。小川へ散歩するぐらいの気楽さでできた。ただこれも、完成までには時間が必要だ。……待つ。

そして数日後。

「なんですか、これ？」

大量のゴルフボールの乗ったボウルを秘書アヤヤに発見される。

「ああ、これはね……」

私は得々と小川仕事の説明をし、少し赤くなりかけた新生キムチを披露する。試しに白菜の一枚をつまみ上げ、小さくちぎってアヤヤとともに試食すると、

「お、なかなかいい味が出てきてるぞ」

「うん、おいしくなりそう」

私はさらに気をよくし、

「実はこっちもね」

カラスミの容器の蓋を開け、

「ほら、こちらが最初の小川仕事」

「すごーい！」

私はカラスミをつまみ上げ、まな板に乗せて包丁で一切れ切って口に運ぶが、

「まだ固いわね」

「うんうん、固いですね」

芯までみりんが染み込んでいない。が、それでもなかなか美味であるぞよ。

「小川仕事、楽しそうですね」

人に褒められるとすぐ図に乗る。まだなにか、できることはないかしら。と、そこで思い出した。冬にいただいたリンゴがだいぶ残っている。これをなんとかしなければ。このところの懸案事項であった。小川仕事が癖になった勢いで、ジャムを作ってみようではな

いか。さっそく、少し鮮度の落ちたリンゴ八個を調理台に並べ、皮ごと乱切りにして、深鍋に放り込む。上から少し水を差し、火にかける。そこへ砂糖を加える。リンゴ本来の甘さを大事にしたいので、控えめに大匙三杯ぐらいかな。クツクツと音を立て始めたあたりで飲み残しのウイスキーをタポタポタポ。干しぶどうも入れちゃえ。だいぶ煮詰まってきた頃、シナモンシュガーとバターをひとかたまり。ああ、いい香りがしてきたぞ。これでもう少し煮詰めれば、リンゴバタージャムの出来上がりだ。ジャムとしてだけでなく、肉料理に添えても使えそうだ。いやいや、冷凍庫の奥底にパイ生地が残っていたはずだ。それを使ってアップルパイを作ることもできる。小川仕事は妄想とともにどんどん膨らんでいく。

「今度はなにを作ってるんだ？」

甘い香りにつられたか、亭主殿が台所に顔を覗かせた。

「小川仕事の第四弾。煮リンゴです」

そう、リンゴを煮ている合間に実はもう一つ、仕事をこなした私である。

少し前に、辰巳芳子さんの本で覚えた「しいたけスープ」を作った際、エキスをすべて吸い取られたあとの干し椎茸と、同じくふやけ切った出汁昆布と、姿も味ももはや定かでない梅干しの実の部分を、捨てるに忍びないと思い、フードプロセッサーで粉砕した。細かくしてプラスチック容器に入れて保存しておけば、たとえばオムレツに入れるとか、炒

め物に加えるとか、炒飯に混ぜるとか、いろいろ使い道があるだろう。

すなわち、小川仕事の第一弾がカラスミみりん漬け、第二弾は白菜キムチ、第三弾が出汁屑粉末、そして第四弾が煮リンゴと、続々と立派な成果を生んでいるというわけだ。

一つ一つを披露して、小川仕事の意義を亭主に説明し、そして再び、「まだ未完成だけどね」と断りつつ、カラスミ容器の蓋を開け、一切れ切って差し出すと、

「まあ、おいしいけれど、それって全部、残り物を復活させたってこと？」

一刀両断。するとそこを通りかかった我が秘書アヤヤがプッと吹き出して、

「小川仕事じゃなくて、それはアガワ仕事ですね」

どいつもコイツも、好きに言わせておけばいい。でも確かに、本来の「小川仕事」とは主旨がだいぶずれてきた気配はある。思えば以前に作った「海苔の佃煮」も、湿気た海苔を利用した。作りすぎて何人かの友人に「自家製の海苔の佃煮です」と半ば無理やり分けたのであるが、

「甘すぎなくて、おいしかった」

「パンに塗ってトーストしたらおいしかったですよ」

各方面からお褒めの言葉が届いたのである。決して失敗ではなかったはずだ。ま、お世辞半分ではあるだろうが。

そして今回の「カラスミみりん漬け」も、一ヶ月を待つことなく、ちびちびと順調に消

化されていった。「まだ固いね」と試食を繰り返した末、ちょうど一ヶ月目にあたる昨晩、最後の一切れを食卓に出したら、ようやく芯までみりんの染み込んだ、しっとりしたカラスミを味わうことができた。

小川までの道のりは遠かった。

トマト王子のトマト

トマトスパゲッティ

　幼馴染みのケイちゃんから立派なトマトが届いた。直径九センチほどの真っ赤なトマトが段ボール箱にびっしり十二個！　壮観とはこのことか。さっそくお礼のメールを送ったところ、

「ちょっと昔の香りがするでしょ。ダンナの従兄弟が農大で卒論はトマト。トマト王子と呼ばれています。ご堪能あれ」

　という返信。感動した。小泉元総理ふうに腹の底から「感動した！」。どれほど緻密な研究の末に生まれたトマトであることかと、想像するだけで、ますますおいしそうに見えてくる。

　さっそくその夜、とりあえずは八つ切りにして、ただ塩を振って食べてみただけなのに、またもや小泉元総理。口に含むとどこからか緑と土の匂いを含んだ風が吹いてくるような、セミの鳴き声や小川のせせらぎの音色が聞こえてくるような、なんともいえず懐かしい味わいがする。これはまことにトマトマジックだ。

実のところ、普段私は大きなトマトをあまり好まない。自分が小さいせいかもしれないが、大きい食べものは概して大味だという先入観がある。ことにトマトに関して、あるとき決心したのである。たしか『聞く力』が思いの外、売れたときだった。両親の介護が本格的に始まった頃でもある。忙殺されてムシャクシャした気持を晴らすためにも、

「よし、贅沢をしよう！」

そう決めた。決めたところで根がケチな私はそうそう買い物に走ることができない。豪華な食事で贅沢三昧というのもすぐに胃と心が疲れる。夜の銀座を豪遊するほど酒に強くもない。そして思いついた。

「今後、トマトだけは高いのを買うぞ！」

ときどき訪ねるイタリアンレストランで、肉料理の横に添えられた小さなトマトがこよなくおいしかったせいもある。おいしいトマトを食べただけで、これほど豊かな気持になるのなら、普段買うトマトに投資をしても、決して無駄使いとは言えまい。

以来、スーパーへ買い物に行き、野菜の陳列ケースに目をやって、大きい、中くらい、小さいと、さまざまな種類と産地のトマトが並ぶ中、しばし迷って吟味して、そしていかにもハイソな雰囲気で置かれているフルーツトマトの箱（十個入りぐらい）を、勇気を振り絞って一つ取り上げ、意気揚々とレジへ向かう。

「うわ、アガワさん、こんな高いトマト、買ってきたんですか」

我が秘書アヤヤが冷蔵庫を覗いて目を丸くした。

「一箱一九六〇円？　キャー、私にはとうてい手が伸びません」

むふふふ。そうかいそうかい。でも私は決めたんだもんね。トマトには金をかけるのだ。この甘〜いトマトを食べる幸せだけが、私の病んだ心を救い、忙中のオアシスとなり、上機嫌の元と化すのである。だから許せ！

しかし困ることもある。根がケチな私だからして、ときにカレーやシチューなど煮込み料理を作ろうかと思うと、手元には高価なフルーツトマトしかない。これを投入するのはいかんせんもったいないだろう。そこで、高価トマトが残っているにもかかわらず、また買い物に出かけ、普通の安いトマトを買い求める。こうして冷蔵庫には小さなフルーツトマトと普通のトマトがゴロゴロ並ぶ。野菜室を開けるたび、今日はどちらのトマトを使おうか、いやいやフルーツトマトはもったいない。そんな吝嗇《りんしょく》の惑いが数日続いた挙げ句、ときどきフルーツトマトをブヨブヨにさせてしまうこともある。もったいないが度を超すと、もっと、もったいない破目《はめ》になり果てる。

それでもなお、おいしいトマトは小さいに限ると信じていた。そこへ現れたトマト王子のトマトである。でかいトマトに私は謝りましたね。ごめんね、大きいのはまずいにちがいないと思い込んでいたけれど、あなたはなんて美味なのでしょう。深く反省いたします。

もっともこの巨大トマトがどれぐらいのお値段なのか、到来物ゆえわからないが、今度、

ケイちゃんにこっそり聞いてみることにいたします。案外、フルーツトマトより高かったりしてね。

ずっと昔、テレビ番組の企画でトマトを巡る旅をした。イタリアのトマト畑を訪れて細長いイタリアントマトをもいで囓ってみたり、トマト学者を訪ねていって、イタリアにはいつ頃トマトが伝来したのかを解説していただいたり……。これが驚いた。

そもそも十五世紀から十七世紀にかけての大航海時代にて、コロンブスを始めとするヨーロッパ人が、新大陸で見つけた珍しい植物や種を収集した折、南米ペルーからトマトの苗木を持ち帰ったのが、トマト伝来の始まりと伝えられている。しかしペルー産のトマトはそれこそミニトマトのように小さく、しかも、毒性が高いという噂だ。そこで、ヨーロッパ各地に広がったトマトの苗木は当初、観賞用として部屋に飾られるだけだった。

ところが、さすが食に貪欲なイタリア人である。この赤い実をなんとか食べる手立てはないものか。そう思った食いしん坊イタリア人がいたのでしょうな。

ちなみにトマトがイタリアに渡る以前、古代ローマ時代より、イタリア人にとってソースといえば魚醤《ぎょしょう》のたぐいしかなかったらしい。各家の横には素焼きの壺が置かれ、その中に魚とハーブと塩を交互に重ね、発酵させてつくったソースを肉や魚にかけて食べていた。そんなイタリア人のもとに、煮詰めてみるとソース状になるじゃん、すごーい、というトマトが出現したのである。さぞや興奮したことだろう。トマトを煮て、味をつけ、ためし

にローストした豚に、あるいは塩焼きした魚にそっとかけてみる。うん、うまいぞ！

かくしてトマトはたちまちイタリアを席巻した。そしてイタリアで魚醬は影を潜めるようになった。それもちょいと残念なことのように思われるけれど、とにかく我々にとってトマトなしにイタリア料理を語ることはできない。もしあのとき（って、どのときか知らないが）、無類な好奇心と食欲を持ち合わせた一人のイタリア人が、観賞用のトマトの実をこっそりちぎってフライパンに入れ、グジュグジュと汁を出し始めたトマトを口に入れなかったら、イタリア料理ははたしてどうなっていたのかと思うと、寂しい気持になる。

まあ、トマトに限らず、たとえばドリアンとか臭いチーズとか、ナマコとか牛タンとか、「いったい人類で初めてこんな恐ろしいものを食べた人はどういう人だったんだろうねえ。よほど勇気があったか、あるいは腹ぺこだったのかしら」と、いつも感心感謝しつつ、口を動かすのであった。

さてトマト。最近、仲良くしている漫画家のヤマザキマリさんは、十七歳のときに絵の勉強をするためイタリアへ渡り、その後三十五年の長きにわたり、基本的にイタリア在住の方である。そのマリちゃんが、なんたることか、トマトが苦手なのだという。『パスタぎらい』（新潮新書）という著書にそのことが書かれている。

〈私は酸っぱい果物が食べられない。（中略）

果物ではないが、実は生のトマトも酸味が強いとなかなか積極的に食べられない。

言わずもがなだが、イタリア料理にトマトは欠かせない。そんなイタリアに暮らし始めてから三十年以上も経つのに、トマトが苦手だと言うと、「イタリアにいるのに、そんなのアリなの!?」と驚かれることもしょっちゅうだが、物心がついた時から果物を食べられないのだから仕方がない〉

そんなのアリ？　私もついツッコミたくなる。それはしかし、さぞ生きづらいことだろう。日本人なのに醬油が嫌い、と言っているようなものだ。酸味の強い生のトマトが食べられないのであって、煮込んでしまえば大丈夫なのかもしれないが、少なくとも「トマト、大好き！」ではなさそうだ。目の前にトマトソースたっぷりのおいしいマルゲリータピザが出てきたら、どうするのであろう。私の大好きなペンネアラビアータなんて、注文することはないのか。醬油であればかけなければすむが、トマトソースは他の具材にべったりと混ざっている。付け合わせのトマトを残すことはできても、トマトソースを避《よ》けて料理を平らげることは不可能だ。

だいたい私はトマトが酸っぱいと思ったことはない。そもそも酸っぱいものが好きだから、トマトの酸味は「酸っぱい」に入らない。そんなトマトを「酸っぱい」と感じ、食べられないのは実に気の毒だ。ウチに届いた立派なトマト王子のトマトをマリちゃんに差し上げなくてよかった。先日、会う機会があったとき、ウチにトマトが大量に届いた直後だったので、よほど分けて差し上げようかと思ったが、荷物が多くて断念した。差し上げて

いたら、きっと苦笑いをしただろう。

他にも、トマトの嫌いなオトコを知っている。イタリア在住でもイタリア人でもないが、それでも私は「気の毒に」と思い、どうして嫌いなのかと訊ねたら、

「小さい頃、赤いものはぜんぶ甘いと思ってたんだ。だからトマトを初めて見たときに、甘いだろうと思ってかじりついたら、ぜんぜん甘くなくて。そのときのショックが大きすぎて、いまだに食べられない」

その話を聞いてすでに四十年近く経つが、今でも彼は嫌いだろうか。気の毒だ。

私の得意な料理の一つに、トマトスパゲッティがある。極めてシンプル、簡単。だいたい私の作る料理に凝ったものはほとんどないが、これほど「トマト！」が主役のスパゲッティはないと思う。

材料は、熟したトマト、ニンニクのみじん切り、オリーブオイル、塩胡椒、スパゲッティ。以上。

分量なんて聞かないで。作り方も聞かないで。説明するまでもない。が、念のため記すと、まずフライパンにオリーブオイルを垂らし、そこへニンニクのみじん切りをたっぷり入れて香りが出てきたら、前もってざく切りにしておいたトマトをドバッと入れる。塩胡椒で味つけし、しばらく煮込み、茹でておいたスパゲッティにかけて召し上がれ。ほらね、書くほどのレシピではないでしょう。

あまりにも単純なので、一度、ここへ玉ねぎのみじん切りを加えてみたが、邪魔だった。トマトとニンニク。それだけがいい。辛くしたければ鷹の爪やタバスコを加えてください。トマト王子のトマトがあと残り二玉になった。そうだ、このトマトで明日、シンプルトマトスパゲッティを作ることにしよう。これをフルーツトマトで作ることはない。酸味のあるトマトのほうが合う。マリちゃんにはごちそうしないから、安心してください。

カーとクー

船乗りのシチュー

レイチェル・クーというフードライターにお会いした。

フードライターという肩書から最初、料理評論家なのかと思ったら、そうではなく、自ら料理を創作し、料理本を出す、れっきとした料理研究家であった。彼女が世界的に知られる存在になったのは、最初の著書である『パリの小さなキッチン *The Little Paris Kitchen*』がイギリスでベストセラーを記録し、さらに彼女の料理番組（ＢＢＣ制作）が世界各地で放映されたことによるらしい。そのテレビシリーズがＮＨＫで放映されて以来、日本でも、ことに私のまわりの若い女性たちからは、「あ、見たことある。おいしそうですよね、彼女のお料理」と噂されるほどの存在になっている。

とはいえ、外国の料理本や料理番組というものは、若い女性の発言から推測されるように、見る分には楽しいが、さてそれを参考にさっそく作ってみましょうという流れには、なかなか至らない。

ずっと昔、私の弟が「世界の料理ショー」という番組に深くハマった時期がある。司会

者兼料理人であるグラハム・カーに憧れて、いつか自分もグラハム・カーのようなタレントになりたかったらしい。高校生の頃である。憧れた勢いで、その番組に出てくる料理を家族のためにたびたび作ってくれたものだ。それはありがたかった。普段のウチの献立には登場しない種類の料理ばかりである。ゴージャスで大胆で、しかも……これは本当の話だが、実においしかった。

「たいしたもんだねえ」

普段、その弟に小言ばかり漏らしていた父が、彼の作る料理に関しては高く評価していたと記憶する。タレントはさておき、本気でプロの料理人になってはどうかと期待していた気配もある。そんな父および本人の夢が叶わなかった理由の一つは、その料理の完成前後にあった。

弟はテレビ画面を凝視して、その料理を作りたくなると材料をもれなく書き留めたのち、「これだけ必要なんだけど、買っていい？」とメモを片手に母や私に問いかけてきた。メモに並んでいるのは、耳慣れないハーブや香辛料の名前のみならず、手に入りにくいであろうキノコや肉類、ワインやリキュールの数々。加えてバターの使用量のとんでもないこと。

「こんなにいるのか!?」私が叫ぶと、

「だって、グラハム・カーがそれだけ使わないとおいしくならないって言ってたもん」

しかたあるまい。今日は弟が張り切って作ってくれると言っているのだから、叱りつけるのはやめにしよう。騒ぐ心を抑えて私は助手に徹することとする。そして料理開始。口と手を止めることなく台所を動き回る弟の横に待機して、

「なんでこんなに鍋を使うんだ！」

「だって、こっちはソース用。こっちは肉を焼く用でしょ。悪いけどオーブンに火を入れて、お皿を温めておいてよ」

「そんな面倒なことしなくても平気だよ」

「だめだめ。グラハム・カーはオーブンでお皿を温めておくことは大事だっていつも言ってるもん」

台所での侃々諤々《かんかんがくがく》の末、弟が作り上げた料理は、何度も言うが、まことにおいしかった。おいしかったのは紛れもない事実だが、食べ終わり、散らかり放題の台所と途方もない数の鍋や皿を前にして、私はいつも思ったものである。

「弟よ。もう当分、作ってくれなくていいからね」

かくの如く私は「外国料理」に対して、「おいしいだろうけど面倒くさい」という偏見を強く抱き続けてきた。見た目は美しくとも、材料、手順からバターの使い方に至るまで、日本の台所には到底そぐわない。だからよほどの覚悟とエネルギーをもって立ち向かわないかぎり、作る気にはならないであろうと。

話をカーからクーに戻す。

しかしながら、レイチェル・クーの料理は少しだけ違っていた。実際、レイチェルの料理本……、例えば『レイチェル・クーのスウェーデンのキッチン』を開くと、我々には馴染みの薄い、あるいは使ったことのない材料や調味料が次々に登場する。いわくジュニパーベリー、シードルビネガー、シャントレル、生のビーツ、クレームフレッシュ、セロリアック、こけももジャム、鹿肉、猪肉など。ここで一瞬、読者としては躊躇する。ほらね、やっぱり作るのは無理かもね。

しかしレイチェルが魅力的なのは、まるでこちらの心の内を見透かしたかのように、料理本や料理番組の中で、頻繁にこう言ってくれることである。

「猪肉がなければ豚肉でもいいわ」

「生のビーツが手に入らなかったら缶詰でも大丈夫。まあ、生のほうが味はいいけどね」

もちろん、この手の発言は、日本の料理研究家もたびたび口にする。「オリーブオイルの代わりにサラダオイルでもかまいません」とか「薄口醬油がなければ普通のお醬油でもいいですよ」とか、そういうさりげない料理家の一言が、教えを乞う身にどれほど優しく響くことであろう。だからレイチェルとて他の料理家とさして変わらないかもしれない。

そう、そうではあるが、ちょっと違うのね。どこが違うかと言えば、スケールである。蒸し器を電子レンジで代用したり、鶏ガラスープの代わりにインスタントのチキンストック

を使うという話ではないのだ。猪肉がなかったら豚肉でいいというご託宣である。デメララシュガーが手に入らなければグラニュー糖とブラウンシュガーを混ぜてもいいというお達しだ。はるか地球の裏側で日常的に使われている想像しにくい名前の材料が、突然自分の傍らで見つかったような衝撃ではないか。チルチルミチルの幸せの青い鳥は、ほんの手近な、自分の部屋の中にいたじゃないかという喜びに等しい。

おお、豚肉でいいのか！

そしてレイチェルは、それらの代用品を、「仕方ないですね。日本で手に入らないからね」と不承不承勧めるわけではなく、「どんどん他のものを使ってちょうだい」とおっしゃるのである。

「レイチェルさんの場合、材料や計量に関して厳格というよりは、綺麗なんだけどかなりアバウトなところもあって、そこが私は好きです」

対談中、そう申し上げると、

「だって、食べ物ですよ。私がやっていることは、世界の問題を解決するような大それたことじゃないんです」

中国とオーストリアの血がミックスされた黒くて大きな瞳をクルッと動かして、笑いながらきっぱり言い切った。ほほほ、なんていいヤツではないですか。

今さら申し上げるまでもないが、私は料理に関してアバウトな料理好きが、好きである。

なぜならば、私自身がアバウトだからだ。

高校時代（弟ではなく私がね）、お菓子作りに凝った時期がある。スポンジケーキあたりから始まって、プリン、シュークリーム、チーズケーキ、二度と作ることのなかった世にも面倒くさいオレンジケーキに至るまで、雑誌やテレビで作り方を見つけると、それこそ弟同様、レシピをメモして材料を買って、「よし、作るぞ！」と雄叫び共々、果敢に挑戦したものだ。あるとき、友達に頼まれた。

「この間ご馳走になったパイナップルムースの作り方を教えて」

私は張り切った。オリジナルのレシピをコピーするのではなく、レポート用紙に、材料から手順までを書いてあげた。そのメモを友達に渡してまもなく、お礼の手紙が届いた。

「丁寧に書いてくれてどうもありがとう。でも」と、大事なのはここから先である。

「阿川さんのレシピ、『だいたい』って言葉が多すぎて、よくわかんない」

そのとき私は自分の料理に対する信念をはっきりと自覚した。いや、実のところ、お菓子は計量や手順をいい加減にすると失敗すると後で知り、以来、あまりお菓子は作らなくなった。

しかし料理はアバウトがいい。もちろんときに失敗することもあるけれど、身近にある残り物で、新たな一品ができたときの感動は、指定されたレシピ通りに仕上がったときよりはるかに大きい。と、私は信じている。

レイチェルさんの言葉に背中を押され、対談から帰ったのち、私はさっそくレイチェルレシピを試してみることにした。まず手頃なものからと、「赤玉ねぎのピクルス」に挑戦。たまたま冷蔵庫に赤玉ねぎが残っていたせいもある。赤玉ねぎを薄切りにし、シードルビネガーがないので台所を見渡すと、デーツの酢とラッキョウ酢があったのでそれを混ぜる。続いてジュニパーベリーなるものがなんだかわからなかったので本を見ると、〈セイヨウネズという低木の果実を乾燥させたスパイスで、蒸留酒のジンの香り付けに使われる。ザワークラウトにもよく使われる〉と説明書きがあった。なるほどね。そこでピンときて、冷蔵庫に長く寝ていた山椒の実の佃煮を代用する。少し甘いが、このピクルスには砂糖を百グラム入れるとあったのでちょうどいいだろう。

数日後、もう少し本格的な料理にも挑んでみようかと、本をペラペラめくっていたら、「船乗りのシチュー」というページで目と手が止まった。むむ、おいしそうではないか。

肉は「牛のランプ肉」と記されている。ランプ肉なら近所の肉屋でも手に入りそうではあるが、この寒い中、買いに行くのが面倒だ。冷凍庫を漁ると、だいぶ以前に買ってカチンコチンに凍り狂った鴨肉の塊が出てきた。ほほう、これでよかよか。その他の材料も、わけぎは長ネギ、イタリアンパセリは普通のパセリ、新ジャガイモ、ある。にんじん、バター、月桂樹の葉、オールスパイス、あります。エールビールはビールでいい。きゅうりのピクルス？　赤玉ねぎのピクルスで済ませよう。

こうして指定の材料の半分は、身近な代用品で済ませることにして、なんなら玉ねぎも入れたほうがおいしくなりそうだと思い追加。それら野菜類をバターで炒めて軽く塩胡椒し、ビールをドボドボドボ。別鍋で肉を焼き（本当は鍋ごとオーブンに入れてしばらく焼くらしいが省略）、焼き上がったら、野菜のシチューともども皿に盛り、横に赤玉ねぎのピクルスを添えて食卓へ。出来たぞ～！

いつも作るシチューとは一味違う、酸味も爽やかな「船乗りインチキシチュー」は美味だった。ちなみに酸味の素は、赤玉ねぎのピクルスだけでなく、上からサワークリームを乗せたせいもある。

レイチェルさんに食べてもらいたかったな。なんとおっしゃることでしょう。でももし再会できたとしても同じ味を作ることはできない。だって、その日にたまたまあった代用品だらけですから。

びっくりチーズ！

チーズフォンデュ

ふかわりょうさんのエッセイ集『世の中と足並みがそろわない』（新潮社刊）のなかに、「たこ焼きパーティー」の話が出てくる。女の子に誘われて、つい下心も働き、いそいそと出かけていくのだが……。

〈最初は楽しい宴でした。女の子の家に招待され、みんなで買い出しに行って材料を準備して。いざ始まれば、うまく焼けたり崩れちゃったり、どう転んでも楽しいたこ焼きパーティー。しかし、途中から雲行きが怪しくなります。

「次、何入れる？」

誰かが言いました。

「私、チーズ入れたい！」

味に変化が欲しいと、誰かがチーズを入れはじめます。女子というのは、どうしてこうもチーズが好きなのでしょう。前世で何かあったのでしょうか。箍《たが》が外れるように、メンタイ、キムチ、チョコレート、時期によってはタピオカも投入されたことでしょう。徐々

に、クレープなのかピザなのか、なんのパーティーだかわからなくなってきて。終わる頃にはお腹が苦しく、もうたこ焼きの顔なんて見たくなくなっているのです。始まる前はあんなに好きだったのに。〉

これには大いに笑った。私はたこ焼きパーティというものに参加したことがないので、そういう展開になることも知らなかった。そもそもたこ焼きにさほど馴染みがないから、その場に自分がいたら、はたしてどういう反応をするかわからないけれど、ただ、若い女の子に囲まれて楽しい時間を過ごすつもりだったふかわ君のしだいにしょぼくれていく様子は目撃してみたかった。

しかし、たしかに何かとチーズを入れたくなる衝動は、私にもある気がする。これは女性にかぎった性癖なのか。実際、ちくわを積極的に食べたいと思うことはめったにないが、新幹線のホームの売店でチーズちくわが目に入ると、衝動買いをする。さつま揚げも「チーズ入り」は欠かせない。ゴボウ入りやニンジン入りも好きだが、チーズ入りは必須であろう。

先日、我が家でおでんを作ったのだが、だいこん、コンニャク、はんぺん、豆腐、タマゴ、いわしのつみれ、がんもどき、その他少々の練り物に加え、「なにがいいかなあ」と考えた末に思いついた。

「そうだ、油揚げの中にお餅を入れよう！」

油揚げを湯通ししたのち、半分に切り、擂り粉木で表面をゴリゴリとローリングする。こうしておくと中の豆腐の部分がちぎれて内側が剝がれやすくなる。じゅうぶんゴリゴリしたのち、切り口からそっと指で袋を開く。そこへ適度な大きさに切った餅を突っ込んで、口を爪楊枝で留める。

その作業を繰り返しているうちに、ちょっと思いついた。

「そうだ、チーズも入れてみようかな」

さっそく冷蔵庫からスライスチーズを取り出して餅に巻き、油揚げの袋に納めてみた。

「どう？」

食卓にて、餅チーズ巾着に食らいつく亭主に感想を求めると、

「うん、おいしいね」

ボソリと平坦に答えたが、私としてはもう少し驚いてほしかった。

「うわ、お餅が入っていたのか。お、チーズも入ってる。すごーい！」

私なら、これぐらいは驚く用意がある。でも私は中身を知っているから、驚いてみせるわけにもいかない。そこでまた気がついた。そうか、女子という生き物は、この「思いがけない驚き」も味の一つと思っている節《ふし》があるのではないか。

そういう意味でチーズは「驚き」に貢献する力をぞんぶんに含有している。チーズ入りハンバーグ、チーズ入りオムレツ、チーズ入りかまぼこ、チーズ入り食パンなどなど。最

初から見えていては意味がない。だからピザにどれほどチーズが乗っていようとも、そんなに驚かない、喜ばない。ピザにチーズは当然の存在であるからだ。ところが、口にしてみたら、「わ、チーズが入っている！」とわかった瞬間の得した気分。予想外の展開。そして案外の「合う合う！」感。これが大事なのである。

チーズではないけれど、たこ焼きそのものも「驚き」が伴う食べものの部類に属すると思われる。「たこ焼き」と称しているから「たこ」が入っていることは重々承知のことながら、かじってみれば、「うわ、こんな大きなたこが入ってた！」というお得感がおいしさを増幅させるのではあるまいか。

あれが「たこ抜き」たこ焼きだった、あるいはごくごくちっこいたこの断片しかはいっていなかったと想像してごらんなさい。かなりがっかりだ。これじゃ、ただの小麦粉団子だろうと文句の一つも言いたくなるだろう。そりゃ、小麦粉以外にネギとか紅生姜とか、あとは何を入れるのかしら、天かすとか青のりですか？　そしてソースも濃厚だからそれなりに味は整っていると思うが、たこがなければ気が抜ける。ただのソース味団子。でも、たとえ中のたこがじゅうぶんな大きさだったとしても、「たこ」しか出てこないと、早晩、飽きるのではないか。私ならおそらく二個か三個が限界だ。

だからこそ、たこ焼きパーティで女の子たちはいろいろな具を入れて試してみたくなるのだろう。その創意工夫の意欲と発見につられて、女の子は、男どもには理解不能な興奮

ぶりを発揮して、さらなる「うわー！」と「意外と合う合う！」などの歓喜の声をあげるのであろう。

しかし私はふかわ君の気持がわからないでもない。遠い昔、ふかわ君と似たような心境を、チーズフォンデュのランチ会で経験したことがある。

二十代だったと思う。もしかしてまだ大学生だったかもしれない。憧れの先輩女性から、「チーズフォンデュ、食べに行かない？」と誘われた。なんというお洒落な響き。そんな食べものを東京で食べられるところがあるのかと驚いた。

「あるの、あるの。スイス料理の小さなお店。行きましょ！」

私はささやかなお洒落をしてルンルンと出かけていった。白と赤を基調にした清潔そうな店の丸テーブルに私と先輩と、あと二人ばかりの女友達が席につく。もちろん、私にとってそれはチーズフォンデュ初体験の日であった。どんな具合に出てくるのか。ドキドキしながら待った。まもなく、小さなコンロと、その上にちょうどいい具合に乗る小さなホーローの片手鍋が供された。鍋の中には、まるでアルプスの少女ハイジにでも出てきそうな黄色いチーズがたっぷり、スープのように溶かされた状態で満ちている。続いて籐の籠に一口大にカットされたバゲットが山盛り。お店の人がコンロに火をつけて、「さあ、どうぞ召し上がれ」とばかりにニッコリ笑って姿を消した。

「では、さっそく！」

私たちは手元に置かれたステンレス製の特製フォークを握り、まずパンに突き刺し、くつくつ煮え始めたチーズのお風呂にそおっとドボン。ほどよくチーズをからめて取り皿に置き、「アツ、アツアツ！」と、火傷をしないように気をつけながら口に運ぶ。

「うん、おいしい！」

最初はたしかにそう思った。訪れたことのないスイスの美しい景色を想像しながら、「まるで外国にいるみたい！」と感動し、続いて二つ目をドボン。そして頰張る。

「アッチ。でも、おいしいね」

しばらくは互いに顔を見合わせて、その幸せを共有した。が、だんだん雲行きが怪しくなってきた。いや、怪しくなったのは、もしかして私だけだったのかもしれない。しかし、私はひたすら己の内にじわじわとわき上がってきた感情を隠そうと思った。そんなことを言ったら、せっかく誘ってくださった先輩に失礼であろう。でも、どう考えても納得がいかない。

定かな記憶がないのだが、ひょっとするとチーズフォンデュの他にもサラダとか前菜とか、出ていたかもしれない。しかし、メインディッシュであるチーズフォンデュというものの具が、ずっと「パンだけ」であることが私には理解できなかった。もっと、たとえばお肉とか野菜とか、チーズのお風呂に入れるべき他の具材はないものか。ないの？　出てこないわけ？　とうとう私は遠慮がちに言葉を発した。

「これって、ずっと、パンだけ……なんですか？」

「ん？　どういう意味？」

先輩は目を丸くして私に問い返した。

「だからその、他にお肉とか野菜とか、そういうものは、出てこないんですか？」

すると先輩は涼しげに、さも当然とばかりにお答えになった。

「それはオイルフォンデュよ。チーズフォンデュは基本、パンだけだと思うわ」

不快感を抱いた様子はなく、そのかわり無知な私に知らしめようという慈愛に満ちた言い方で、先輩は私に解説してくれた。私は動作を止めて先輩の顔を二秒ほど見つめた……と思う。そうか、私はオイルフォンデュを期待していたということか。しかし、それにしても先輩は、飽きないの？　二秒ののち、他の同伴者の顔にも目を向ける。あなたたちも、飽きないの？

しかしここで「飽きた！」とは言いにくい。そこまで私もずうずうしくない年頃だった。

その日、私はその赤と白に統一されたお洒落な店を出て、決心した。

「もう、チーズフォンデュはいいや！」

決意もむなしく実のところ、そのあと二回、チーズフォンデュと対峙した。一度はユーゴスラビア紛争下のザグレブにて。異国にいるという意識があったせいか、「飽きた」記憶はないが、たぶん他にも肉料理があったような気がする。もう一回は、なんと我が家で

のこと。若い女の子たちと持ち寄りパーティをしたとき、中の一人が、「じゃ、私、チーズフォンデュセットを持っていきますね」と言った。嫌だとは言えないでしょう。でもそのときも他におかずがいろいろあったので、「飽きる」問題は発生しなかった。

「うわ、おいしいね、チーズフォンデュって！」

物珍しさも加味されて、皆、一様に喜んだ。私も一緒に喜んだ。本当においしいとそのときは思った。しかし私は、チーズフォンデュを誇りに思っておられる方々には失礼と存じますが、やはりチーズは「おっと、入っていたの？　びっくりしたあ」ぐらいの、ちょこっと出現のほうが、好きかも。

発酵の季節

豆乳ヨーグルト

豆乳に魅了されたのは台湾に行ったときである。

台湾の人々は朝ご飯を家で食べることが少なく、外へ出かけて豆乳の店に足を運ぶ。豆乳専門店は街のいたるところにあり、いわゆるファーストフード店と同じような存在だ。香港では朝、お粥屋さんへ向かう人が多いのに対し、台湾は豆乳が朝食として好まれていると聞いた。

台湾の豆乳屋へ行くと、「温かい豆乳」と「冷たい豆乳」のどちらかを選ぶシステムになっている。いわば、コーヒーを頼むと、「ホットですか？　アイスですか？」と聞かれるようなものだ。続いて、「砂糖とミルクは？」と問われるがごとく、「甘味？　塩味？」という選択を迫られる。うーむ、迷うね。ではとりあえず「温かい塩味！」

すると供されるのは、中鉢たっぷりに注がれたアツアツの豆乳と、上には中国式揚げパンの油條と刻みネギ少々と香菜がのっている。店によってはさらに干し海老が入っている場合もある。そして豆乳はなぜかサラサラではなく、かすかにドロンと凝固している。

「ん？」と思ったら、酢が入っているからだとか。つまり、温めたミルクを飲むというより、できたてのゆるゆる豆腐を食べる感覚だ。

「なるほどね。だから朝ご飯に打ってつけなのか！」

さらにテーブルに備えられたラー油や豆板醤《トウバンジャン》や醤油や胡麻油などで好みの味に調整して食べる。

「実においしい！」

こうして台湾の豆乳朝ご飯が大好きになりました。と、帰国したのち原稿に書いたところ、さる豆乳生産会社様からなぜか私のところに豆乳が届くようになった。……すみません。

だから物書きって得よねえ、豆乳が好きになったって書けば、豆乳が家に届いちゃうなんてねえ、お気楽な商売ねえ……という声が聞こえてきそうで、本当にすみません。私もそう思います。

でね。お届けいただいている身でこんなことを申し上げるのもナンですが、その量が、二人暮らしの我が家には分不相応にたくさんなのである。「豆乳をもっと好きになって、あちこちに宣伝してくださいね」という生産会社様のお気持は重々了解しつつも、そんなにいっぱい飲めるものではない。まもなく、「そろそろなくなったのではないですか？またお届けしますね」という具合に新たな豆乳が届く。「いえいえ、まだ消費し切れてい

ないのでけっこうです」とお断りするのも失礼なので受け取っておく。するとどうなるか。溜まる。

もちろん、知人友人が訪ねてきたら「豆乳いらない？」と親切そうに持ち帰らせ、仕事場に運んで喜ばれ、そのおかげで売り上げが急激に上がったかどうかは定かでないものの、とりあえず小さな宣伝活動に貢献しているつもりだが、ふっと気づくと賞味期限が迫りつつある。

とはいえ、密封容器に入っているのだ。問題はない。そもそも賞味期限とは、味が落ちる前までの期限であり、腐るか腐らないかの目安ではないはずだ。そう信じている私にとってはなんの問題もない。しかし、さすがに期限ぎりぎりの豆乳を他人様に差し上げるわけにもいかないので、古いのから順に家に溜まっていくこととなる。

そうこうしているうち、いよいよ豆乳をハイスピードで消費しなければならない事態と相成った。すでに豆乳鍋は何度かやった。豆乳朝ご飯もたびたび実行するが、毎日というわけにはいかない。パンがいいと主張する家人がいたり、玉子ご飯を食べたい気分になったりすることもある。そしていつしか気持が豆乳から離れる。すると、どうなるか。

溜まる。どんどん溜まる。

「うーむ、どうしよう……」

思案していた矢先、我が家の秘書アヤヤがボソッと呟いた。

「豆乳ヨーグルトっていいですよ」

「なにそれ?」

「市販のヨーグルトの上に豆乳を注いでしばらく冷蔵庫に入れずに放っておくと、固まってヨーグルトになるんです。私、アガワさんからいただいた豆乳で作っています」

それは名案だ。さっそく私も作ることにした。冷蔵庫からヨーグルトを取り出して、プラスチック容器に移す。その上から紙パック豆乳を、ヨーグルトのおよそ倍量注ぎ、スプーンで軽く混ぜる。真っ白いヨーグルトとやや灰色がかった豆乳がしだいに融合する。あとは蓋をして台所の片隅に放置するだけだ。

なんだかワクワクしてきた。まるで夏休みの宿題の科学実験をしているようだ。つい先日まで、「夏休み豆苗育成観察」にワクワクしていたが、新たな楽しみが見つかった。しかも発酵にはこの酷暑がもってこいである。サラサラ豆乳が、五、六時間ほど放っておくだけで、みるみるドロリンドロリンのゲル状と化す。

「おお、固まってきたぞ」

容器を振ってぶるんぶるん状態を確認した上で、今度は冷蔵庫に入れて冷やす。

翌朝には、しっかり冷えたヨーグルトが準備万端の状態で待機している。たちまち豊かな気持になる。買ったヨーグルトが三倍に膨らんだということだ。得した感が高い。おもむろに容器の蓋を取り、スプーンですくって器に入れ、そこへキウイとか桃とかバナナと

かミカンとかブドウとか、冷蔵庫で眠っていた少々しょぼくれ気味の季節の果物を刻んで入れたり、あるいはジャムやハチミツで味付けしたりしていただくと、まあ新鮮な朝の喜びと元気がふつふつふつと湧いてくるというものだ。

すっかりマイ豆乳ヨーグルトブームにハマってしばらくのち、雑誌の仕事でノンフィクション作家の高野秀行さんにお会いした。高野さんは別名「辺境ノンフィクション作家」とも呼ばれ、世界の辺境と呼ばれる、ときに激しく物騒な地域にまで、命の危険を顧みず世にも珍しい臭い食べものを訪ねて旅をし、その体験記を面白可笑しく丁寧に記して生きておられる方だ。どれほど体軀も精神も屈強な人物が現れるのかと思いきや、「初めまして」と挨拶した高野さんは、どう見ても屈強とはほど遠く、どちらかというとヒョロリとしてノホホンとして、ご本人曰く、「胃腸はそんなに強くないほうなんです」と照れくさそうに微笑む人だった。

それはさておき、高野さんの御著書である『幻のアフリカ納豆を追え！』（新潮社刊）も、ご本人のお話も、驚くやら面白いやらつらそうやらの波瀾万丈の連続だった。何が面白かったか、ここで語り始めるときりがないので、興味のある方はご本を買っていただくとして、私にとってもっとも衝撃的だったのは、「日本以外の国は、基本的に納豆を調味料として使う」ということだ。高野さんによると、「納豆そのものをご飯にかけて食べる納豆民族は他にあまりいない」らしい。

そもそも私は納豆が「ものすごく好き！」というほどではない。しかし、医者に「あなたは動脈硬化がかなり進んでいる」と言われて不安になっていた折、発酵学の権威である小泉武夫さんにお会いしたところ、
「それは納豆がいいです。納豆を食べれば血管はどんどん元気になります！」
確たるご託宣をいただいて、希望が湧き、以来しばらく毎朝の納豆生活を欠かさずにいた。すると驚くことなかれ、我が腸の活性化が顕著となり、スムーズな日々が訪れたのである。

こうして阿川佐和子はその後、胃腸も血管も丈夫になり、スムーズで幸せな人生を送りましたとさ……ということにならないのが私である。すなわち、継続力がことごとく欠如しているのだ。もちろん、しばらくは毎日、納豆ご飯を、ときには納豆のみを掻き込む暮らしを続けていたのだが、そのうち、ちょっと飽きた。今日はパンが食べたいと主張する家人がいたり、玉子ご飯にしたい気分になったり、台湾式アツアツ豆乳を食べたり、はたまた豆乳ヨーグルトブームが訪れたりと、いろいろ忙しくしているうちに納豆を買い忘れ、そしてまたもや納豆は、「たまに食べる」存在に降格した次第である。

そこに現れ出でたるは高野さんだった。継続力はないのだが感化されやすい力には自信がある。そうだそうだ、忘れかけていたけれど、やっぱり納豆だったよねと、昔の恋人と再会し、焼けぼっくいに火がついたような気持になった。

しかし、今回は元恋人の、今まで知らなかった魅力を発見した。すなわち、「納豆を調味料として使う」という新境地を開拓する楽しみが台頭したのである。

さらに、納豆は魚醬と対比する関係にあるらしい。すなわち、古代ローマのガルム、タイのナンプラー、ベトナムのニョクマム、そして秋田のしょっつるのいずれもが、魚に塩を混ぜて発酵させて作った調味料であるのに対し、魚を入手するのが困難な山岳地帯では適当な調味料が存在しなかった。まして高価な塩を手に入れるのも難しい。となれば、手近な豆と、藁や枯れ草（西アフリカでは瓢簞を使うそうだ）に生息する納豆菌を近づけて発酵させ、それを料理に混ぜて味を整えるという発想が見出されたのではないかというのである。

ちなみに高野さんがいちばんおいしいと思った納豆料理はと伺うと、

「ブルキナファソ（西アフリカ）で食べた『鯉の納豆焼き浸し』。トマトソースがかかっているんですが、トマトと納豆のうま味が混じり合った濃厚な味で、すごくおいしかった」

聞いた途端に、食べたくなった。しかし、鯉ですか。川魚ねえ。調理したことないなあ。だいいち、「焼き浸し」ってなんだ？　茄子の煮浸しはよく作るが、魚の焼き浸しは作ったことがない。しかし確かにおいしそうではある。他の魚で合うものはないだろうか。いや、肉料理で合うものがなにかあるはずだ。そもそも魚が手に入りにくい土地でこその納

豆調味料なのだから。シチューとかカレーに納豆を入れたら、どんな具合になるだろう。

あれこれ考えているうちに字数が満たされましたので、納豆調味料トライアルについてはまた改めて。

納豆調味料奮闘記

太刀魚の納豆焼き浸し

探険家でノンフィクション作家の高野秀行さんにお会いして、日本以外の国では納豆を調味料として使っていることを教えられた。基本的に納豆は白いご飯にかけて食べるに限ると信じていた私は、「そうか、調味料という使い道があったのか」と開眼した気持になった。しかし、納豆はそもそも控えめな性格の持ち主ではない。

「主役じゃなきゃ、この仕事、受けませんから！」

封を開けた途端、そう言いたげな納豆の強烈な姿というか匂いに直面するたび、「そうですよね～」と納得するばかりであった。

現に納豆は、開幕してすぐ出演するべき存在ではない。前座が舞台を温めて、観客の気持が盛り上がり、そしてようやく奥の暗がりから、あるいはせりから華々しく登場する。そういう役どころなのである。

一度、失敗したことがある。いい納豆を手に入れたと、他の料理の器ともども早々に食卓へ運んだ。さあ、いただきますと食事を始めたところ、すべての料理が納豆の匂いにお

おわれた。刺身を食べてもサラダを食べても肉料理を口に運んでも、ぜんぶ納豆を食べているような気がしてくる。まさに納豆に食われた。

「こりゃダメだ」

慌てて納豆の器を食卓から台所に戻し、しばし出番をお待ちいただくことにした。そんな主役級の納豆を、脇役調味料の身分に落とすことがはたしてできるのか。

まず、とりあえず、炒飯を作ることにした。長ネギ、ニンニク、玉子、たくあん、ソーセージなどを入れたごく普通の炒飯を作り、最後に納豆を加えてみる。混ぜると全体がネバッとした。皿に盛ると、いつもの炒飯が糸を引いている。試しにウチの夫と秘書アヤヤに食べさせた。

「どう?」

「大丈夫、大丈夫」

味の感想を求めると、概して「大丈夫」としか応えない家人である。

「大丈夫ってなによ!」

文句を言ってもなお、

「大丈夫だよ」

あまり頼りにならない意見はさておいて、今度はアヤヤの顔を覗き込む。と、

「うん、おいしいですよ、納豆炒飯」

素直に喜んでくれた。アヤヤのおっしゃる通りである。たしかにまずくはないけれど、これはまぎれもなく「納豆炒飯」であり、「玉子炒飯」でも「ネギ炒飯」でも「ソーセージ炒飯」でもない。つまり、納豆が相変わらず主役を張っていることに気づいたのだ。目的が達成されていない。

続いて私は麻婆豆腐に納豆を入れてみることにした。豚ひき肉、木綿豆腐、ニンニク、長ネギを炒め、豆板醤、味噌、中華山椒、塩と醤油で味を整え、片栗粉でとろみをつけたのち、最後に叩いて細かくした納豆を加える。

「どう？」

亭主に問う。

「大丈夫。おいしいよ」

「いつもとちょっと違うもの、入れてみたんだけど」

「あ、そう？　別に変わらないけど」

「納豆、入れてみたの」

「あんまり感じなかった」

感じないと言われるとそんな気もしてくるが、私の舌には、ちょっと粘っこい何かが隠れているという印象があった。隠したのは私なのだけれど。でもだから、「納豆を入れたらグッとおいしくなった」わけでもない。現に、残った。だいぶ、残った。二人分にして

は量が多かったせいかもしれないが、「おいしくて箸が止まらない」という勢いは生まれなかった。

翌日、食べ残した「納豆入り麻婆豆腐」を見つめて私は考えた。そして思いついた。冷蔵庫の奥に、少し前に作ったキーマカレーがある。このカレーと麻婆豆腐の残りを合体させてみたらどうだろう。材料は似たり寄ったりだ。色も似たり寄ったりだ。しかも保存してあるキーマカレーは煮込んで煮込んでいろいろ加えて、もはや何を入れたか記憶にないほど複雑な味に仕上がって、我ながらおいしくなったと満足し、そして長らく冷蔵庫で眠っていたのだ。この上等複雑なるキーマカレーと、豆腐のみやや異質な印象が残るものの、納豆麻婆豆腐を一緒に煮込んだら、たぐいまれなる納豆麻婆豆腐キーマカレーが出来上がりそうな予感がする。

片手鍋に冷え切ったキーマカレーを入れ、ほどよく温まったところで、前夜の残り物である麻婆豆腐をぶち込む。色に変化はない。当たり前だ。最初から同じような焦げ茶色をしていた。

味見をする。なかなかまろやかな味がする。カレーの辛みは少しぼやけたが、かわりに麻婆豆腐の辛みが効いている。

昼時。白いご飯に載せ、食卓に運び、亭主にすすめる。

「おお、カレーか」

そう反応し、スプーンを握り、口に運ぶ。

「どう？」

「大丈夫」

「ヘン？」

「ヘンじゃないよ。カレーでしょ」

「まあ、カレーです」

私も食べてみる。たしかにカレーだが、麻婆豆腐を加えた味のカレーである。そしてなんとなく納豆の風味が口に残る。が、それがどうしたという感じだ。格別な感慨はない。納豆を主役にせず、脇役調味料の立場に落とすには、まずもって分量を少なくする必要があるかと考えた。だからこそ、麻婆豆腐をカレーと混ぜて、全体に対する納豆の割合を減らしたつもりである。おかげでたしかに納豆が主役という印象は薄れた。が、だから納豆の隠し味が生きているという感じにはなっていないように思われる。

壁にぶち当たった。どうすれば納豆を調味料として有効に活かすことができるのか……。納豆は、「納豆だ！」と主張する以外、芸風を持ち合わせていないのか！

しばしのスランプの後、私は思い出した。「いちばんおいしかった納豆料理はなんですか？」と高野秀行さんに聞いたとき、「ブルキナファソで食べた鯉の納豆焼き浸し」とおっしゃっていたではないか。

「トマトと納豆のうま味が混じり合った濃厚な味で、すごくおいしかった」

私はスーパーに走った。鯉を求めるのは至難だが、鯉に似た魚はなにかないだろうか。目に留まったのは、「太刀魚」の切り身である。

「これで試してみよう！」

焼き浸しというものがどういうものかわからなかったが、つまりは最初に焼いて、そのあと少しぐつぐつ煮込むというようなイメージではないか。ここからは創作の域である。

材料は、太刀魚の切り身、ニンニク、玉ねぎ、トマト、しめじ（たまたま冷蔵庫に残っていた）、そして納豆。

まずフライパンにオリーブオイルを引き、ニンニク二かけ分のみじん切りを入れ、オイルに香りがついたらそこへ塩胡椒をしておいた太刀魚を置く。軽く焦げ目がつくほどに焼いたのち、トマト、玉ねぎのざく切りとしめじを加える。

いい香りが立ちのぼった。このままでもじゅうぶんにおいしそうではあるが、ここで食べたら目的が達成できない。ほどよくトマトが崩れてきた頃合に、いよいよ納豆の叩きをぶち込む。ついでに醬油と、そしてナンプラーを適当に振りかけてみた。調味料ダブル主演を試みたのである。

思うに個性の強い納豆に合うのは、案外、個性の強い相方なのではないか。納豆ご飯を作るとき、香菜を入れてみたら案外おいしいことがあった。その戦法である。臭い物には

蓋をしろ。違う。目には目を。これも違うね。なんと申しましょうか。思いつかないが、とにかく私はナンプラーのパワーにかけた。さらに後方支援要員として、タバスコと香菜も振りかけて、皿に盛る。

「どう？」

「おいしいよ」

珍しい。大丈夫より前に「おいしい」をいただきましたあ！

私も食べてみる。おっ、と思わず声が出た。たしかにこれは、今までの納豆を入れた料理とは幾分、レベルが違う。納豆とトマトの酸味が見事に混ざり合い、ねっとりまったり酸っぱくて甘い。そのトマト納豆ソースが太刀魚の淡泊な白身とマッチして、上等な味に仕上がっている。

「僕だって頑張ったんだよお」

玉ねぎのかけらが歯の間で叫んだ。わかってます、わかってますよ、玉ねぎ君。君の甘味も大事だったよ。

「私も働きましたけど」

ああ、ホントだ。タバスコちゃんの刺激も欠かせないね。「僕も」「私も」と、口の中で香菜や醤油の香りも主張してくる。その点、しめじじいさんは静かなものだ。ただ淡々とソースの傍らで寝転がっている。

「これは成功なんじゃないの？」と亭主。

ほっほお。「成功」の声、いただきましたあ。

その夜、私たち夫婦は、「太刀魚の納豆焼き浸しまがい」を、ソースの一滴も残すことなく完食したのであった。

喜びの気分も冷めやらぬ頃、さる会食の席でくだんの納豆奮闘記を話題に上げたら、

「うーん。しかし、納豆はやっぱり白いご飯にのせるのがいちばん旨いんじゃないの？」

一人の発言に、

「そうよねえ」

「だから日本人はみんな、結局、納豆と言えばご飯にのせて食べるんだから」

「そうよねえ」

皆の意見に私も小さく頷いた。

「そうですよねえ……」

ご飯の肴

紅生姜

小さい頃、知り合いのさるご婦人に予言された。

「この子は将来、酒飲みになるわよ！」

ご飯茶碗に向かう私をじっと見つめ、ニヤリと笑ってそのご婦人は呟いた。まだ六、七歳のいたいけな少女に向かってこのオバサンはいったい何を言っているのだろう。子供ながら違和感を覚えた記憶がある。

そう言われたのはなにゆえか。理由はまもなく判明した。私が白いご飯の上にこのわたを載せて食べていたからだ。

「だってこんな年頃からこのわたを嬉々として食べているんじゃ、お酒に強くなるに決まってます！」

間違いないとばかりにご婦人が断言なさるのを聞きながら、私は恐ろしくなった。いつか私はお酒に溺れ、酔っ払いのオジサンみたいになってしまうのだろうか。

子供の頃は酔っ払いが怖かった。家に来る父の友人たちが次第に顔を赤く染めてニヤニ

ヤし始めるのも、お寿司屋さんで大声を張り上げて騒ぎまくるオジサンを見かけるのも、いつこちらに倒れ込んでくるかわからない千鳥足の大人とすれ違うのも、本当に嫌いだった。ああいうだらしのない人間にだけはなりたくない。心の底から思ったものだ。

今は違いますけれどね。深酒をして、周囲に無礼を働いて、翌朝起きて、かすかに残る断片記憶をかき集め、頭痛を抱えつつ深く反省する。ああ、なんと自分は愚かな人間か。自らを否定することでしばらくは謙虚になれる。数日間は図に乗らないよう努力する。数時間は他人様に優しくなれる。だから身体を壊さない程度に酔っ払うことは決して無意味ではない。人間形成に必要な教訓がアルコールには秘められているはずだと、私は信じている、今は。

でも子供の頃は違った。酒飲みは悪い人間だと思い込んでいた。あんな大人にはなるまいぞ。さりとて、おいしいこのわたを食べないわけにはいかない。細長い竹の筒からトロリンと現れる貴重で高価な茶色いミミズのごときシロモノをハサミで適当な長さに切り、炊きたての白いご飯に載せて食すとき、なんと豪勢な気持になることか。禁断の至福を私は小学生の分際で手に入れた。

このわたに限らない。私はイクラの赤い粒を白いご飯に載せて食べるのも好きだった。もちろん高価なものだから頻繁ではない。量も存分に載せるわけにはいかない。ほんの数粒。そこにお醤油を数滴とレモンをちょっと。そのまま口に掻き込むか、ときに海苔を載

せ、巻いて食べてもいい。

そういえば瓶詰めのウニも好きでしたねえ。ウニの瓶詰めは、父が広島出身だったせいか、比較的身近な珍味として冷蔵庫に常時入っていた。

かくしてこのわたやイクラや瓶詰めウニ、ときにイカの塩辛、たまに缶詰のアンコウの肝なんぞを白いご飯に載せながら成長するうち、まもなく気づいたのである。

私は別に酒飲みになる素質があるからこうした珍味が好物なのではない。酒の肴はもれなくご飯と合う。なぜなら、日本酒はお米で造られているからだ。日本酒と仲がいい珍味がご飯と相性がいいのは当たり前ではないか。つまり私は白いご飯に合うものが好きなだけである。

「君は酒の肴が好きだねえ」

誰かに指摘されるたび、私は弁明を繰り返した。

「酒の肴はおしなべて白いご飯に合うから好きなんですよ。決して私は酒飲みではないんです」

私の「酒の肴好き」をさらに深く分析するならば、日本酒に合うものだけではないこともしだいに明らかになっていった。畏れながら、キャビアをご飯に載せて食べてみたいという夢を長らく抱いている。いつだったか、私がまだ高校生の頃だったと思うが、父が海外旅行から帰ってきて、こんな話をしたとき以来だ。

昔々、国際線の飛行機に乗って「いい席」に座るとオードブルに上等のキャビアがたっぷり出てきたそうである。父がそのキャビアに感動し、「旨いですねえ」とスチュワーデスさん（当時はキャビンアテンダントではなかった）に伝えたら、

「もう少し召し上がりますか？　まだございますよ」

キャビアのおかわりを持ってきてくださったらしい。なんたるゴージャスなサービス！しかも、そのついでに父は秘密の話を入手したのである。

「彼女たちは、そのフライトで残ったキャビアを白い飯にたんまり載せて食べるんだそうだよ。実に旨そうじゃないか。今度、やってみよう！」

父が宣言し、まもなく我が家でキャビアご飯が実現したわけではないのだが、私はその話がずっと忘れられず、いつか自分が大人になり、お金をたんまり貯めた暁には、キャビアを炊きたてご飯の上に載せ、レモンと醬油をたらりと垂らして口に掻き込む姿をときどき夢想するようになった。

しかしこの夢はその後じゅうぶんな大人になり、そこそこ貯金ができても、簡単に叶うものではなかった。レストランへ赴き、たとえば前菜にキャビアが添えられていたとしましょう。

「あ、すいませーん。白いご飯、いただけますか？」

そんなずうずうしい注文を、高級レストランでできますか？　ならば自宅にて、奮発し

て買ったキャビアの小さな小さな缶を開け、「ではいよいよ、白いご飯に載せてみよう！」ってことは可能か。実はこれもなかなか言い出せない。踏み出せない。そして結局、薄いトーストを並べ、玉ねぎとパセリのみじん切りとレモンを添えて、ときにサワークリームも用意し、スプーンを使って少しずつ、「あ、それ、載せすぎ！　戻しなさい！」とその場にいる家族（って昔は弟、今、亭主）に厳重注意を呼びかけつつ、ちびちびいただくのが関の山である。かろうじて小さな小さなガラス容器に残った数粒を最後に人差し指でかき集め、「これ、あとでご飯の上に載せて食べよっと」と独り言《ひとご》つのがささやかな夢の実現となるぐらいか。

しかし、私の夢はもっとでかいのだ。キャビアを白いアツアツご飯に載せるということは、すなわち函館の市場のいくら丼の感じ。どっさりたんまり、アイスクリームをスクープですくうがごとく、キャビアをどかんとすくってご飯にダボッと載せるイメージなのである。でもそんな贅沢なことは、きっと死ぬまでできないだろう。夢は夢。叶わぬ夢を思い描いていることに意味はある。

幸福は金銭では量れない。キャビアがなくとも白いご飯に載せてじゅうぶんに幸せを勝ち取る手立てはいくらでもある。その筆頭格は、私にとって紅生姜であることを、最近、思い出した。

ぐっとお手頃価格。

紅生姜の味をいつ知ったのか、記憶にない。いつのまにかそばにいた。はっきり覚えているのは、これも以前に書いたような気がするが、小学校低学年の頃、学校から帰ってくると小腹を満たすため、私は「炒り玉子、胡瓜、紅生姜の混ぜご飯」を思いつき、自分で作ってよく食べた。柔らかめの炒り玉子を小鍋で作り、前夜の残りの冷やご飯を茶碗一杯分ぐらい入れ、そこへ胡瓜の賽の目切りと紅生姜を投入、塩と醬油で軽く味を整える。自らの創作料理にしばらくハマっていた時期がある。その頃、すでに紅生姜を好んでいたのだから、紅生姜との仲は半世紀以上にわたると言えよう。

しかしその後、外で食べる焼きそばに紅生姜が載っていたり、お好み焼きに添えられていたり、あるいはお寿司のそばで、紅ではないが白いガリが控えていたりするのを見てもさほど興奮することはない。紅生姜の天ぷらっておいしいのよと、勧められて食べたときも、まあ、おいしいねと思った程度である。もちろん生姜は、どんな生姜でも好物であるから毎度、料理のそばに控えていれば残さず手を伸ばすのは間違いないのだが、格別の感動はない。ところが、アツアツの白いご飯に冷たい紅生姜を載せて、それこそ醬油をちょょっと垂らして食べるときの喜びは別格だ。筆舌に尽くしがたいものがある。

少し前、テレビのバラエティ番組にゲストとして呼ばれ、その折、「アガワさんの好きなご飯のお供は？」という事前の質問に「紅生姜」と答えたことがある。収録当日、スタジオに紅生姜が少量のご飯とともに用意され、

「これが、アガワさんの大好きなご飯のお供です！」

派手に紹介され、他の出演者ともども試食タイムとなった。私は照れながら、「これがね、白いご飯に合うんですよ！」と紅生姜愛をとうとうと語ったが、なぜか反応が薄い。誰もが無言。お世辞すら出てこない。

「どうですか？　〇〇さん」

司会者が場を盛り立てようと出演者に問いかけるが、

「ま、紅生姜は紅生姜ですねえ」

「そうねえ……」

まったくもって賛同を得られず、情けない思いをした。これほど紅生姜に人々が無関心であるとは思わなかった。失敗だ。他の食べものを選べばよかったか。

以来、私の紅生姜への愛が少し冷めた。恥をかいたという思いを引きずった。冷蔵庫の奥に押し込んで、よほどの用がないかぎり、その姿を食卓に披露することはなくなった。

ところが先日、冷蔵庫長期保存物群を少し整理しようと乗り出した折、見つけたのである。あら、お久しぶりね、紅生姜ちゃん。

しばらく疎遠だった紅生姜を食べてみたくなった。そうそう、紅生姜のいいところは、永久と思うほどに傷まないことである。このたびの紅生姜も何年前から冷蔵庫にあったのか、忘れた。でもカビは生えていないし変色もしていなかった。そもそも保存食なのだか

ら大丈夫でしょう。と、私は信じ、茶碗に白いご飯を少し盛り、上によく冷えた紅生姜を載せる。

ちなみに私は真っ赤な紅生姜が好みだ。ピンク色もいいけれど、やはり真っ赤な生姜と白いご飯の鮮やかなコントラストが食欲をそそる。で、真っ赤な紅生姜の上に醤油を数滴。白と赤と黒。しばしその美しい姿を見つめて、お箸を持ち、いただきます!

どうですか。おいしいでしょう。誰に認められずとも、この永遠の脇役は、ご飯の上で最大級の魅力を発揮するのである。これだけでじゅうぶんに幸せになれる。でもここに、ソーセージ二本と海苔があってもいいかな。そうだ、ウニの瓶詰めも出してこようっと。

かわいい魚屋さん

刺身

ウチの近所に不思議な店が出現した。

商店の立ち並ぶ賑やかな通りから少し離れた坂の途中。以前は民芸品や竹製品を売る長閑な店構えであった。その小さな民芸品店がコロナの影響か、ある日、人知れず閉じた。

もともとそれほど人通りのある場所ではない。客が大勢、群がっているところを見たこともない。とはいえ、風情としてはなかなか魅力的だった。店先に孫の手や小ぶりのざるなどが並んでいると興味をそそられて、つい足が向く。

孫の手が見舞いの品にいいと教えてくれたのは東海林《しょうじ》さだおさんである。以前、東海林さんががんの手術で入院生活を送ったとき、ベッドに寝たまま、しかも管に繋がれた状態で周辺のものを取ろうとするとなかなか手が届かなくて苦労する。

「そういうとき、孫の手は便利なんだよ」

いわばマジックハンドの代わりになる。ついでに身体のあちこちが痒いとき、孫の手は本来の役割を果たしてくれる。

「今度、誰かのお見舞いに行くときに持っていくと喜ばれるよ」

東海林さんに伝授されて以来、私の中で忘れかけていた孫の手の価値が格段に上昇した。そしてその店で、お見舞い用として一本、プレゼント用として一本、自宅用として一本、孫の手を買った記憶がある。その他にも外国へ出かける前、先方でお世話になる人たちへのお土産品として、その店で和風の小物類をいくつか購入したこともある。ささやかながら売り上げに貢献したつもりだったが、店はなくなった。

でね、前置きが長くなりましたが、その民芸品店が消えて少し寂しい気持を抱きつつ、さて次はどんなお店になるのだろうかと小さな期待を抱いていたところ、

「あの竹細工屋さんのあとのお店の前に、オレンジとかレモンとか並んでますよ」

秘書アヤヤがある日、私に伝えてくれた。

「オレンジとかレモン？　八百屋さんができたの？」

「いや、八百屋さんっていう感じでもないんですが……」

「スーパーかしら……」

しかし、スーパーが建つほどの広い面積があるとは思えない。もしかして今流行りの「有機野菜専門店」か。俄然、興味が湧いて、私はいそいそと坂を下り、その店に向かった。

間口三間ほどの小ぶりの店の前面に扉はなく、オープン状態になっていた。アヤヤが言

っていた通り、店先の木棚にオレンジやレモンなどの果物類が彩り豊かに飾られ、中に入ると壁に沿って立派な冷蔵室が並んでいる。なんとその中には野菜だけでなく、精肉や鮮魚が収められているではないか。

「いらっしゃいませー」

威勢のいい声に迎えられた。見ると、スタッフらしき若い男性が数人、にこやかな顔で待ち構えている。狭い店のわりに、スタッフが多い。

「お魚も売っているんですか？」

恐る恐る訊ねると、

「はい！　今朝、豊洲から仕入れたものばかりです」

ガラス張りの冷蔵室には、パックに入った刺身だけでなく、赤や白や黒色の魚が一尾丸ごと、ごろんと横たわっている。

「これ、鯛？」

「そうです。よかったらおろしますよ」

そう言われて店の奥に目をやると、ガラス窓の向こうに厨房らしきスペースがあり、そこで魚をおろせるしつらえになっているようだ。じわじわと笑いがこみ上げてきた。どれほど待ち焦がれていたことか。小さいながら近所にようやく魚屋さんができたのだ。

この街に越して二十年。当初は小売りの魚屋が商店街に一軒あった。しかし、魚を調理

する家庭が少なくなったせいか、いつしか店頭で鮮魚を売ることをやめ、魚料理を食べさせる定食屋に変身した。

鮮魚を手に入れたければスーパーへ行くしかなくなった。かつて近くのスーパーの魚売り場には奥に調理スペースがあり、売り場に並ぶ魚を選んで、「これ、三枚におろしてくれる？」と頼めば、「あいよ！」と担当のおじさんが気さくに応じてくれたものだ。そのスーパーも、いつしか店を畳んだ。

いよいよ魚を買う場所がなくなった。もちろん他のスーパーで、パックに入った魚ならたいていのものは手に入る。しかし、魚担当のおじさんはいない。調理場もない。だから捌いてもらう手立てがなく、おのずと切り身になっているものか、刺身類ばかりに手が伸びた。

かつて、料理教室に通って魚の捌き方を習ったはずである。いや、たしかに習った。そのとき私は、今後は積極的に魚をおろそうと心に誓ったことを思い出す。

「アジがおろせれば、クジラだっておろせます！」

そう豪語したのは我が日本料理の師匠、野口日出子先生である。クジラをおろすチャンスはおそらく生涯訪れないだろうと思ったが、つまり魚のおろし方の基本は一つ。一つのコツを習得すれば、怖れることはなしという意味だと解釈した。

ところが、私は怠けた。野口先生のもとを離れてまもなく、復習を怠った。そのうち魚

と言えば切り身か刺身か、貝類しか食卓に並べようとしなくなった。そしてすっかり魚のおろし方を忘れた。

魚をおろしてくれるおじさんがいるスーパーが閉店してまもなく、街の噂を耳にした。週に何回か、小型トラックでこの街にやってくる魚屋さんがいるという。私はそのトラック魚屋さんに足繁く通うようになり、活きのいい魚を買う楽しみが蘇った。しかし、その魚屋のおじさんがあるとき、

「もうね、歳だから商売、やめることにした」

そう言い置くと、それっきり姿を見せることがなくなった。

あれから十数年、私はずっと魚屋さんの訪れを待っていた。

かわいいかわいい魚屋さん

こんちは、おさかな、いかがでしょ

そういうやりとりのできる店を期待することはもうできないのか……。

諦めかけていたとき、憧れの君がようやくウチのすぐ近くにやって来たのだ。こんな嬉しいことがあるかいな。

メトロマーケットと名乗るその新店は、魚だけでなく精肉や野菜や果物、瓶詰めのフルーツ酢やジャム類、ときにパンや豆腐も売っている。どういう経緯でこんな店をオープンしたのか聞いたところ、

「実は我々、豊洲から来てるんです。魚屋と八百屋と肉屋が集まって、このコロナ禍に豊洲でお客さんを待ってるだけじゃいかんという話になりまして。小売りに挑戦することにしたんです」

だからそれぞれに専門がある。一人は野菜、一人は魚、一人は精肉。加えて彼らは全国の名品を調査吟味したり、あるいは農家を回って直売のルートを作ったりして、売りたい商品を少しずつ拡げているという。

私の最初の買い物は、コハダの刺身である。その夜、炊きたてご飯とともに肉厚のコハダを口に入れて驚いた。

「こりゃ、おいしい！」

その報告がてら、再び店へ赴いた。

「おいしかったあ。今日は何があるの？」

ひやかしているとき、店の前を知り合いが通りかかった。興味深そうにチラチラこちらを覗き込んでいる。

「スズキさーん、入って入って！」

知り合いの鈴木さんのご主人を招き入れ、私はスタッフに代わって店の紹介を始める。

「ちょっとお値段は張るけど、おいしいのよ」

商品の宣伝も率先して行なった。

「僕も、何屋さんができたのかなあって、ずっと気になってたんですよ」

「でしょぉ。お弁当や惣菜も売ってるの。贔屓にしてあげてね」

そこへ外から年配の女性が駆け込んできた。

「今日はね、買わないの。ただ、昨日のお刺身がすっごくおいしかったって報告しにきただけ。また来るわね」

嬉しそうに一声叫ぶと、去って行った。

私と同様、魚屋さんを待っていた人はこの街にたくさんいたのだと確信した。

こうして私は近所の知り合いに会うたび、店の宣伝をし、スタッフに対しては、「簡単に潰れちゃダメよ」と発破をかけ、自ら毎日のように通ってなにかしら買って帰るので、「ほとんどスポンサーですね」とアヤヤに笑われる始末である。

惚れた勢いで語り出すならば、魚だけではなく、野菜類も独特だ。一度、「この茄子、おいしいんです」とすすめられて買って帰ったら、実に柔らかくて上品な味わいだった。さほど感心しないこともある。そういうときは、「昨日のお刺身はそんなにおいしくなかった」と、まるで弟相手に話すかのように正直な感想を言える間柄になってきた。

なにせ彼らの本拠地は豊洲である。だから、前もって、「しじみが欲しい」と注文すれば、

「わかりました。明日、仕入れておきます」

快く応じてくれるし、魚や肉も、「そんなに大量だと食べ切れない」と言えば、「半分？　四分の一でもかまいませんよ」

好きな分量に切り分けてくれる。融通無碍であることこの上ない。

昔はどこの小売店も馴染みになれば、融通を利かせてくれた。八百屋さんは売れ残った大根の葉っぱを無料で分けてくれたり、魚屋さんは大きな魚のアラを新聞紙に包んで、「おまけだよ」とこっそり手渡してくれたり。そういえば昔々、神奈川県の二宮に住んでいたとき、隣町にある幼稚園までバスで通っていたのだが、帰りに最寄りの停留所でバスを降りてから国道を渡らなければならなかった。横断歩道はない。信号もなかった。幼い子供にとって車の行き交う国道を、タイミングを見計らって渡り切るにはかなりの勇気がいる。躊躇している私を道路の向こう側から見守って、

「ほら、今だ！　はいはい。渡りな！」

わざわざ道の真ん中まで出てきて、安全に渡れるよう誘導してくれたのは、国道沿いに立つ魚屋さんだった。魚屋のおじさんはいつも長靴を履いていた。あのときのご恩を思えばなおさらのこと。私はこの新しい魚屋さん、というか、生鮮食品セレクトショップを守らなければならぬ定めにあるのかもしれない。

チーちゃんの贈り物

イカとセロリの中華炒め

山口県角島《つのしま》のチーちゃんから今年も塩ウニの瓶詰めが三本届いた。イカ入りとサザエ入りとプレーンの三本。チーちゃん自身が作ったものらしい（と信じていたら、チーちゃんの知り合いのオバチャンが作ったものだとのちに判明）。塩漬けとはいえ塩の加減が絶妙で、生の風味とかたちが残っているし、イカもサザエもぷーりぷりん。「イカ入りとサザエ入りはなるべく早めに賞味してくださいね」というコメントつきだ。まるで郷里のお母さんから好物の手料理を送ってもらったような気分である。

塩ウニが届く少し前には、鮮度のいいイカがたっぷり送られてきた。冷凍状態で届いたのだが、「解凍して刺身で食べてくださいね」とさりげない一言が添えられていて、そのお気遣いにまた心が和む。

この暑い季節にチーちゃんから生のイカと塩ウニが届くようになって何年経っただろう。初めてチーちゃんに角島で会ったのは八年前の夏である。その翌年あたりから、毎年この時期になると「そろそろイカを送ります。ウニはもう少し待ってね」という予告メールが

送られてくる。なんと親切なお友達でしょう。どれほど深い仲なのですか。そう思うでしょ？　でも実は、一度しか会ったことがないのである。

コトの発端は、ＮＨＫの「鶴瓶の家族に乾杯」という番組の取材で角島を訪れたときに遡る。本来の目的地は山口県下関市豊北町《ほうほくちょう》に属する「阿川」という地区（昔は村だった）であった。「阿川」が我が阿川家とどういう関係にあるのか知らないが、同じ名前の土地に興味を引かれる。面白そうだから行ってみようということになった。

到着してみれば、阿川地区を少し歩いただけで、「阿川駅」とか「阿川踏切」とか「阿川小学校」とか「阿川八幡宮」とかの立て札や看板に出くわして、嬉しいようなこちょばゆいような複雑な心境になる。でも、そこに「阿川」の姓を名乗る人は一人も住んでいなかった。どうやら遠い昔にその地に居を構えていた阿川一族が毛利の軍勢に追いやられて他の地に逃れたらしい……という噂であったが、定かなことはわからない。

まあ、それはさておき、そんな「阿川が阿川を訪問する旅」のついでに、せっかく本州の西の果てに来たのだから、「本州最西端で太陽が海に落ちる瞬間を見届けたい」と申し出た。こう見えて、どう見えているか知らないけれど、私は夕日好きなのである。すると、「阿川地区から車で西に二十分ぐらいのところに角島という島がありまして、そこが最西端になると思われます。島なので厳密には本州とは言えないかもしれないけど、立派な橋もかかっているから簡単に行けますすよ」

リサーチ担当のディレクターに告げられて、撮影隊ともどもホクホクと、たしかに立派な、まるでフロリダとキーウエストを結ぶセブンマイルブリッジかと見紛うような絶景の角島大橋を渡り、いよいよ角島へ乗り込んだ。

が、いくら小さな島(面積三・八四平方キロメートル、人口七百人ほど)といえども、夕日を見るに適した場所がどこなのか、簡単に辿り着くことはできない。よし、誰かに聞こう。と、車を走らせながら左右を見渡すが、歩いている人の姿はない。思い切って民家の横に車を停め、ずうずうしくも玄関をピンポンした。返事がない。お留守かしらねえ。その場を去ろうとしたそのとき、そばを通り過ぎる車を発見した。急いで走り寄り、

「すみませーん。ちょっと伺いたいんですが……」

キョトンとした顔で振り向いたのが、チーちゃんだったのである。

事情を説明すると、ご親切なことに夕日の見える場所まで案内してくださるという。恐縮しつつ、ずうずうしくも私はチーちゃんの運転する小型車の助手席に座って連れて行ってもらうことにした。その道中、話をしてみると、なんと同い年であることが発覚。しかも看護師さん。

「病院から家に帰るところだったので」

白いナース帽が似合いそうな穏やかな笑顔を浮かべる、私と同じぐらいの背丈のチーちゃんに、一気に親近感が湧く。ちなみに本名はチエミさんと伺って、即座に私は「チーち

ゃん」と呼ぶことにした、勝手に。

チーちゃんの案内で、西の海が見渡せる高台の道路端を撮影場所と定める。さらに先まで車で馳せれば海を見下ろす灯台があるらしいけれど、そこに到着する前に夕日は落ちてしまいそうだ。よし、ここで撮影しよう！　こうしてチーちゃんのおかげで美しい夕日が本州最西端（厳密ではないが）の水平線にじわじわと落ちていく雄大な景色をカメラと心に焼きつけることができた。

「ありがとうございました！」

撮影を終えてチーちゃんと記念撮影もして、さてここからがテレビ取材のさらにずうずうしいところである。

「ついでといってはナンですが、チーちゃんのお宅まで伺ってもいいですか？　これ、『家族に乾杯』って番組で、ご家族に会うのが目的なので……」

「あ、……はい」

キョトンとした目で承諾してくれたチーちゃんの車のあとにつき、今度は海沿いの住宅街に建つチーちゃん宅へ向かう。

そこで私はまた驚いた。どうぞと誘われて上がったお宅は、柱も床も黒光りするほどきれいに磨き上げられた立派な木造家屋。奥から足のご不自由なお姑さんが出てこられ、まもなくダンディな旦那様も仕事から戻られて、もちろん招かれざる客人のせいもあるだろ

うけれど、仕事帰りで疲れているにちがいないチーちゃんは、またたくまに一家の主婦の顔となり、リスのように家の中を小走りしながら接待に相務めてくださった。

かくして我々撮影班は素朴で心優しい角島のご家族の一端をカメラに収めることに成功し、お茶をご馳走になり、たくさんお礼を言って、手を振りながらチーちゃん宅をあとにした。道端で出くわしてからほんの二時間たらずの交流であった。

普通、メディアの取材で出会った人との関係は、一期一会で終わることのほうが圧倒的に多い。でも私はなんとなく、同い年のチーちゃんとの出会いに運命というか縁というか、別れがたい未練を感じた。初めて会った瞬間から「友達になれそう」な予感がした。そこで、別れる前に携帯電話の番号を交換したのである。でもその時点では、のちのちチーちゃんに生鮮食品を送ってもらおうなどという下心はなかった。誓ってホントにありませんでした。

でもね。そもそも東京育ちの私のような人間にとって、豊かな自然とおいしい生鮮品に囲まれて生きている人々には憧れがある。加えて、この美しい角島をいつかまた仕事抜きで訪れたい、そのときはチーちゃんに案内してもらおうと本心から願った。だからこそ連絡先の交換をしたのである。その結果、新鮮なイカと塩ウニの恩恵にあずかることになったというわけなんですけどね。

もちろん、チーちゃんから新鮮なプレゼントが届くたびに私は心の底から感謝して、な

にかお礼の品を送ろうと思い立つ。しかし、なかなかこれぞと思うものが浮かばない。なんたって、こちらが受け取ったのは獲れたてのイカと手作りの塩ウニですよ。これらに対抗できる都会の物品ははたしてなんであろう。角島のチーちゃんが「うわ、これが欲しかったのよねえ」と狂喜してくださるものはなんだろう。考えれば考えるほど、迷う。考えあぐねた末に、自分が気に入っている近所のおせんべい屋さんの詰め合わせや、東京で人気の生食パンや、そこに拙著なんぞを添えて送ってみるものの、まだぜんぜん足りていない気がする。じゅうぶんなお礼になっていないのではないかと不安になる。そこで最終的には、心を込めて送ってくださった新鮮な海産物を目一杯おいしくいただくことに専念しようと決める。

で、今年はお刺身の他に、イカを使って何を作ろうかとネットのレシピをあれこれ検索するうちに、「イカとセロリの中華炒め」という一品に出くわした。

同じような料理のレシピがネットにいくつも載っている。そうなると私は、ひと通り全部に目を通したのち、共通した作り方をだいたい把握する。だいたいの材料とだいたいの手順を確認したら、そこから先は自己流に徹する。なぜ素直にレシピに従わないか。私なりの都合がある。レシピ通りの材料が手元に揃っていないことがあるし、その手順を踏むのは面倒だと思う場合もある。まあ、料理はだいたいで、だいたいおいしくなるものだ。

たとえば今回も、一つのレシピに「イカとセロリと胡瓜の中華炒め」があったのだが、

胡瓜はサラダに入れる予定だったので省略した。かわりにニンニクと香菜をたっぷり加えることにした。

まず、水気を取り除いたイカの表面に切れ目を入れ、塩胡椒と日本酒をタラタラ、片栗粉少々をまぶしてしばし放置。レシピには「片栗粉をまぶせ」とは書いてなかったが、なんとなくまぶしたほうがイカのプリプリ感が増すのではないかと思った。続いてセロリを葉っぱごと適当な長さに切り……、葉っぱも使えとレシピにあり、それは無駄のないことこの上ないと共感し、採用する。あとはニンニク、生姜、香菜をみじん切りにして傍らに待機させる。

フライパンに胡麻油（レシピはサラダ油だった）を引き、ニンニク、生姜、イカ、セロリの順に炒めていき、味つけは塩胡椒と、醬油をほんの少し。シャンタンを入れろとレシピにあったが、「シャンタンってなんだっけ？」と、台所を通りかかった秘書アヤヤに問うと、「中華スープのことですよ」と教えてくれたので、そうかそうかと思い、「顆粒鶏ガラスープ」を棚から出して振りかける。さらにスマホのレシピには鷹の爪を加えよと書かれていたが、手元にないので豆板醬で代用する。そして最後に香菜を、これでもかと思うほどたくさん加えて出来上がり。

これほどまでにレシピに反逆してみたが、問題はなかった……と思う。なんといってもイカがとびきり新鮮なのだ。よほど味つけに失敗しないかぎり、おいしく出来上がるに決

まっていると信じて作ったら、驚くほどおいしく出来上がった。

器に盛って食卓に運び、冷やしたビールで喉を潤したのち、いよいよ口に運ぶ。

「うーん、私としては実においしいぞ！」

箸を片手に自画自賛する。

最近、私は悟ったのである。料理を作ったあと、家人に向かって、「どう、おいしい？」と感想を強要しても空しくなるだけだ。しつこく問い詰めないと反応はないし、問い詰めれば問い詰めるほど、無理に「おいしいです」と言わせるはめになる。

この件について、仕事仲間の男性に話してみたところ、

「そりゃ、オトコは身内が作った料理にいちいち『おいしい！』なんて言いませんよ。照れくさいもん」

あ、そういうものなの？　少し納得した。そこで私は自分の作った料理の感想を相方に求めないと決めた。そのかわり、自分で大いに喜ぶことにしたのである。

「いやあ、おいしい！　私としては！」

イカをほおばりながら考える。チーちゃんは旦那様に「どう、おいしい？」なんて聞かないのかしら。精魂込めて（チーちゃんではなく知り合いのオバチャンが）作った塩ウニを旦那様に褒めてもらえなくても愚痴ったりしないのかしら。しなそうだなあ、優しいチーちゃんは。

柿買えば

フルーツあれこれ

果物の季節である。

山形の知人から洋梨が、大分の友人から大きな和梨が届いた。それより少し前にはブドウのいただきものをし、夏には岡山と岐阜の知り合いから桃が届いて、その前に高知から小夏と山形のサクランボ、さらに遡ると春には九州天草出身の古い友達が送ってくれた文旦？　あれはポンカンか？　いや、晩柑だ！　そうそう、「アガワさんに晩婚、じゃなくて晩柑を届けますね」とメールをもらってようやく名前を覚えたのであった。

天草出身の旧友コバちゃんは、かつて同じテレビ番組で、上司にこっぴどく叱られては居酒屋へ繰り出して慰め合った仲であり、当時は若い青年ディレクターだったが、もはや立派な初老プロデューサーに成りおおせた。互いに「なかなか結婚できないねえ」と傷をなめ合いつつ、ときどき昔の仲間ともども食事をしたりコンサートへ行ったりする気の置けない関係を続けてきた。が、最近、とうとう見切りをつけたのか、結婚資金用に貯めていたはずの貯金を崩して外車を購入し、そのピカピカ光る新車のトランクに段ボール箱を

いくつも乗せて、我がマンションに折々やってくる。

「天草の田舎から届きました。これからヤマダのとこにも届けにいってきます」

我が家だけでなく、親しい友達に配り回っているという。こんな心優しい男にどうして恋人ができないのか不思議でならないが、そういう話題を振ると、「そういう上から目線の発言はやめてください。自分が結婚できたからって」と嫌がられそうなので黙っておく。

かわりに、

「わあー、嬉しい！　夏ミカンだ！」

大いに喜んで感謝の意を伝えると、

「違います。これはポンカン」

「あ、ポンカンね」

次のときに、

「ありがとう、タンカン」

そう言うと、

「これはデコポン」

あ、そうかと思っていると、その次の届け物は晩柑だったりする。

天草というところはミカンの溢れる島らしい。まだ訪れたことのない天草の、ミカンの花が咲き乱れる、海を見下ろす丘の景色を想像し、春うららかな日にコバちゃんの幸せを

祈りつつ、ポンカンやデコポンや晩柑をありがたく堪能する。

　頻繁にコバちゃんにミカンをいただくのは嬉しいことながら、正直なところ、いざ食べようと思うとき、皮をむくのがちょっと面倒と思うことがある。つい先延ばしにしていると、いつしかポンカンやデコポンや晩柑は、私の顔のごとくしょぼくれてくる。コバちゃんには申し訳ないながら、こうしてせっかくの天草からの贈り物を食べ損なったことが何度かある。そこであるとき思いついた。いただいたらすぐにミカンの皮を全部むき切って、タッパーに入れて冷蔵庫で保管しておけば、食べたいときにすぐ食べられる。朝でも夜でも夜中でもタッパーの蓋を取れば、即座に口に放り込める。最初だけ大仕事になるけれど、その労苦を乗り越えさえすれば、あとがなんと楽になることか。その方法に気がついてから、コバちゃんミカンはあっという間においしく食べることができるようになった。

　果物が苦手という人は、味が嫌いなのではなく、「皮をむく」作業と「種を取る」作業がわずらわしいと思うのではあるまいか。父がそうだった。積極的に果物を食べるほうではなかったと記憶する。食べるときはたいてい母に、「おい、むいてくれ」と指令していた。あの世代の男はだいたい妻に果物の皮をむかせていたような気がする。

　先年百十二歳で亡くなった広島の伯母を思い出すとき、果物をむいている姿が心に蘇る。伯父は果物が好きだった。しかし、自分で皮をむいているところを見た覚えはない。たいてい伯父が揺り椅子に座って前後に揺れるその横で、伯母は立ったまま食卓に向かい、片

手に果物ナイフを握り、下に置いた皿の上にむいた皮を落としていく。すっかり皮のむかれた一切れを差し出して、「はい」と伯父に手渡す。それを何度も繰り返す。晩ご飯が終わると毎晩のように伯父は伯母に果物をむかせていた。リンゴだったり梨だったり、ブドウの場合は皮をむいて半分に切り、中の種を除いてから伯父に食べさせていた。一家の主に尽くすとはこういうことなのかと、幼い私は感心して見ていたものだ。

果物にさほど関心を示さない父だったが、なぜかグレープフルーツは好んで食べていた。若い頃にアメリカで覚えた思い出の味だったのかもしれない。しかし、昭和三十年代に日本でグレープフルーツはさほど見かけなかった。あるとき父が外から帰ってくるなり憤慨して言った。

「果物屋へ行って、『グレープフルーツはありますか』と聞いたら、ブドウを持って来やがった」

小学生だった私がそのときグレープフルーツをどれほど知っていたか、記憶が曖昧だが、父のその言葉を聞いて、なぜミカンみたいなその果物に「ブドウ果物」と英語の名前がついたのか不思議に思ったのをはっきりと覚えている。

父がグレープフルーツを好きなのは、皮も種も取り除かなくていいからだったのではないだろうか。半分に切り、砂糖をかけ、ギザギザのついたスプーンで上手にくり抜けば中の身をくまなくすくい取れるところが気に入っていた理由だろうと思われる。

考えてみれば、あのグレープフルーツ用ギザギザスプーンは画期的なアイディア商品ですな。グレープフルーツを食べるとき、私はいつも、身をきれいにすくい取り、薄皮だけを残すことに燃えた。すべて食べ切ったのちはスカスカになった半身のグレープフルーツを折り畳み、顎を上に向けて汁を最後の一滴まで口へ流し込むのを楽しみとする。もはやいくら強く絞っても汁の出なくなったグレープフルーツの残骸をゴミ箱に捨てるとき、なんとも言えぬ達成感を味わうのであった。

子供の頃、私はスイカよりメロンが好きだった。同じようなかたちをして、同じように瑞々しいけれど、どうもスイカの味が好きではなかった。幼い頃、海水浴に行き、潮風の吹き抜ける海の家のゴザの上でスイカに塩を振りかけて大きな一片にかぶりついたとき、塩とベトベトしたスイカの汁の味が残り、おいしいのかおいしくないのか複雑な気持になった。ついでにさんざん取り除いたはずの黒い種が歯の間で何度もぶつかって、不快感を覚えた。父と同様、あの種取りの手間が印象を悪くしたのかもしれない。果物好きの広島の伯父の家に行き、スイカよりメロンが食べたいと申し出るたびに、「サワコは贅沢だ」と嫌味を言われたものである。でも私は、心の中で思った。スイカよりメロンが好きというのはたしかに贅沢かもしれないが、高価なマツタケは嫌いなのだから、これでおあいこのはずだ。歳を経て、マツタケは好きになり、スイカも好きになった。かわりにさほどメロンに興味がなくなったので、またおあいこだ。

食後にフルーツを食すのは、和食の通例である。若い頃、日本料理屋さんでメニューに「水菓子」という文字を見て、最後のデザートにはゼリーとか水ようかんのたぐいが供されるのかと思ったら、果物しか出てこなくてがっかりしたことがある。が、そののち「水菓子」とは果物のことを示すと知って驚いた。食後に甘いデザートが出てくるようになったのはごく最近のことではないか。

かつてさる料理専門家に聞いたところによると、和食は料理に砂糖を豊富に使うので、食後に糖分を摂る必要がない。反対に西洋料理の場合は料理に砂糖を使うことはない。しいて使うとしたら果物の糖分だけ。だから食後にしっかり糖分を摂るために、甘いデザートが不可欠なのだという。なるほどと納得した。たしかに洋食にフルーツを使うことは多い。果物を、食後の食べものと考えず、料理の中に入れるのは一考だ。私はいただきものの果物を料理に活用できないかとあれこれ考える。

この夏は、桃をスープに仕立ててみようと試みた。ネットで検索すると、材料は桃の他に、ヨーグルト、牛乳、砂糖、レモン汁とある。レシピによってはコンソメスープを加えるものもあったが、これでは桃のジュースとほとんど変わらない。切って食べるには熟し過ぎた頃合に、毎朝、ミキサーにかけてジュースにしていた折、そうだ、スープを作ってみる手があると思い立った次第だが、これではグラスに入れて飲むか、皿に入れてスプーンで食すかの違いだけではないか。実際、スープとして晩ご飯に出してみたが、ジュース

とさほど違いを感じなかった。ただ、塩や醤油で味付けをした他のおかずとともに甘い桃スープを飲むというところに意味があるのかもしれない。

馴染みのビストロで、「柿とハムとモッツァレラチーズのサラダ」というものを食べた。なんとも言えず新鮮な驚きがあった。シェフに作り方を訊ねると、まず柿の皮をむいて八等分ほどの櫛形に切り、それを酒のジンにしばらく漬け込む。ジンの香りがついた柿とハムとチーズをドレッシングで和えるだけ。ジンの苦味と柿のほのかな甘味が混じり合い、さらにハムとモッツァレラチーズが良好な相性を醸し出している。

さっそくウチに帰って試してみた。言われた通りに作らないのが私の悪い癖であるけれど、モッツァレラチーズがなかったのでしかたない。普通のプロセスチーズと、たまたま買ってあった生ハムと、野菜も少し加えてみようかと思い、玉ねぎの薄切りやレタスを足し、最後にジンに漬けた柿の櫛切りを入れ、そこへオリーブオイル、塩胡椒、酢とレモン汁を加えてよく混ぜ合わせたら、私にしては珍しくおしゃれな一品が出来上がった。

ハムがなければなくてもいい。野菜はセロリでもキュウリでも人参の千切りでも合うと思われる。このレシピを何度も作るようになり、料理に果物を加える癖がついた。最近、いただいた洋梨も、生ハムと一緒に前菜にしたり、サラダに加えたりした。大きな和梨も、なにか料理に使えないだろうかと只今思案中である。

さて今夜は再び柿のジンサラダを作ろうかと思っている。でも柿がない。

「柿はどなたかから届く予定はなかったっけ？」

秘書アヤヤに訊ねると、

「ありません。自分で買ってください」

冷たく返された。たしかに到来物に甘えてばかりではいけません。柿を買いに行こう。

耳よりなパン

オニオングラタンスープ

長時間の仕事へ赴くとき、事前に主催者から訊ねられることがある。

「お食事はどうしましょう？」

お弁当を用意しますかという問い合わせである。正直なところ、仕事の合間にあまり胃を重くしたくない。しっかり食べるとそのあと眠くなって労働意欲が低下し、さらにウエストがきつくなる。だから昼は抜いたほうがいいと思うのだが、無下に断ると、その場に居合わせた他のスタッフが食事休憩を取りにくくなってしまう。そこは招かれた者としての配慮が必要になる。そこで私は、昼であろうと夜であろうと「サンドイッチを少しだけ」とお願いする。

そのとき私の頭に浮かぶのは、コンビニのサンドイッチや新幹線の車内販売で売られているプラスチックパックに収まった小ぶりのたぐいである。ところが、当日、現場の楽屋に到着すると、たいそうお洒落なランチボックスが置かれていたりする。箱を開けて中を覗くと、「お前はメタボか！」と突っ込みたくなるほど具がパンパンに挟まれたロースト

チキンサンドとか、ＢＬＴというのでしょうか、ベーコンとレタスとトマトのサンドイッチとかだったりして、おまけにがっしりとした耳つきだ。

私の少ない経験から申し上げるに、どうもお洒落なサンドイッチには耳つきが多いように思われる。

「うわ、おいしそぉ」

仕事仲間から歓喜の声が上がる。

「アガワさん、どれにします？」

勧められる私としては躊躇する。はたしてこんなボリューム満点のサンドイッチを残さず食べられるだろうか。かじりかけを残しては用意してくださった方々にも当のサンドイッチ君にも申し訳ない。というか、秘めたる私の本心を吐露するならば、「耳を残してもいいかしらん……」と問いたい心境。でもそんな食べ方をしてはあまりにも行儀が悪すぎる。となれば、手をつけぬほうがましだ。

「私のことはお気になさらず。あとでつまみますので。皆さんでどうぞ！」

遠慮の体《てい》を示す。そうですか、じゃ、お先にと若いスタッフたちがサンドイッチにかぶりつき、その様子を見ていると、中には私と同じ思いを持つ者がいるらしい。パンの耳を残しているではないか。

「ダメでしょ。お行儀が悪いわよ」

年配者らしく注意してみるものの、その気持は痛いほどよくわかる。

「パンは耳がおいしいのよ！」

そう豪語なさる人がときどきおられる。私は横目でその人を見つつ、「そうかねえ……」とこっそり首を傾げる。

耳がまずいと言っているのではない。ただ、茶色い耳の堅い部分と、中央の白いホワホワ部分を一緒に口に入れるのは、どうも間違っている気がするのである。

トーストとなると話は別だ。オーブントースターで焼いてみれば、耳は香ばしくカリカリになり、表面の白く柔らかかった部分もほどよくカリッと焼き上がり、そして内部はホワホワを保っている。この三段階の、カリカリ、カリッ、ホワホワの感触が順繰りに口の中で広がるとき、加えてそこにバターのトロリンが加わったり、ジャムのマッタリが加味されたりすれば、なんとも言えぬ美味のハーモニーが醸し出されるというものだ。

しかし、耳つき生サンドイッチにおいては事態が異なる。歯ごたえの爽やかなレタスや瑞々しいトマト、あるいはしっとりクリーミーなマヨネーズ和えの玉子などの具とともに、ホワホワ食感の白いパンが、いらっしゃいましたねと思った直後、堅い耳が突然、ググッと割り込んでくる。その唐突な出現に、「いや、それはあまりにも暴力的ではないですか？」と反射的に抵抗の気持が湧く。その瞬間の衝撃といえば、ロマンティックなムードが盛り上がり、少しずつ互いの顔が近づいて、二つの唇が、ああ、重なるか……と思った

そのとき、「おい、飯はまだか、飯は！」と能天気な親戚のおじさんが乱入してきたような感じである。しかもその耳男おじさんは意外にパワフルだ。インパクトが強い。だからせっかくのほのかな恋心はいっぺんに冷める。耳男おじさんの威力に負けてしまう。

ところがこの耳男おじさん、フランスへ行くと協調性を発揮する。フランスパンの耳というか皮には、内部の白く柔らかい部分と仲良くなる才能がある。だからフランスパンのサンドイッチの場合は、耳というか皮つきでじゅうぶんにおいしいと思えるのである。多少、顎が痛くなることを除けば。

それにしても「パンの耳」という言葉はいったいいつ頃、どうして生まれたのであろう。少し調べてみたところ、食パンの周囲の茶色い部分を「耳」と呼ぶのはどうやら日本人だけらしい。英語では「クラスト」、すなわち「かたい皮」と呼ぶようであるし、フランスでも英語同様「皮」という意味の「クルート」という言葉で表現する。実際、バゲットの外側部分を「耳」とは言いがたい。

ではなぜ日本でパンの外周は「耳」なのか。耳とはつまり端っこのことを指すようだが、他の食べ物で「耳」と呼ぶ端っこはあるだろうか。

「みかんの耳をむきますか？」

言いませんね。

「鮭の耳はカリカリに焼いてね」

これも言ったことがない。

「ヒラメの耳は旨いねえ」

ヒラメは耳ではなく縁側だ。

「耳を揃えてお返しいたします」

これは借金。他に使うとすれば、布地の耳や本の耳という表現もないわけではない。

私よりはるかに若い男友達に訊ねたところ、「小学生の頃、体育に使うマットの『耳を持て』と言われて重かったのを思い出します」と話してくれた。マットは食パンと同じような形をしているから、その端っこにある持ち手のことを耳と呼んでいたそうだ。私の子ども時代、そんな教育を受けた記憶はない。

話をパンの耳に戻すと、私は自分でサンドイッチを作る場合は耳を切り落とす。だからといって捨てるわけではない。そんな滅相もないこと、吝嗇の私にはできません。切り落とした耳は、多めの油でよく焼いて、砂糖をまぶしてスナック菓子にする。そんな手間をかける暇もないときは、サンドイッチの隣にそっと添え、サンドイッチを平らげたあと、バターやジャムを塗って食す。パンの白いホワホワ部分と別に口に入れる分には、なあーんの問題もなく「おいしい！」と思えるのである。

いっぽう、フレンチトーストを食パンで作るときに耳は欠かせない。耳がなくても死ぬほどまずくなるわけではないけれど、耳があったほうが好ましい。

先日、ラジオで一緒に仕事をしているふかわりょうさんからフレンチトーストの作り方を教わった。すなわち、

「たいていの場合、牛乳と玉子を合わせてからパンを投入するという方法だと思うのですが、僕は最初にパンを牛乳だけに漬け込みます。たっぷり牛乳を吸い込んだパンの表面に玉子液を染み込ませ、そこへ砂糖を少し振り込んで、それから焼くと、フワッフワのフレンチトーストが出来上がる」

ためしに作ってみたところ、たしかにパンがフワッフワになり、玉子は表面だけにしか使わないから節約にもなった。

パンに牛乳を染み込ませているうち、思い出した。子どもの頃、病気になると必ず母が作ってくれたミルクトーストなるものがある。それは、パンをまずトーストする。こんがり焼けたトーストを深めの器に入れ、バターをたっぷり塗る。さらに砂糖をパラパラ振りかける。その上から熱々に温めた牛乳をまんべんなくかけていく。

じわじわとトーストが牛乳を吸い込んで、初めのうち、「あら、注ぎすぎたかしら」と思うほど器の下に余っていた牛乳が、気がつくとすっかりパンに吸い込まれてしまう。ではもう少し。さらに熱々牛乳を注ぐ。また器の下にたまる。でも、まもなくそれも吸い込まれる。それを何度か繰り返す。

いったい一枚のトーストにはどれほど牛乳を吸い込む力があるのだろうかと驚くほどパ

ンの中に消えていく。それを見守るのが楽しかった。ミルクトーストが完成する様子を観察するのは、病に伏す身のささやかな喜びであった。もちろん味もいい。お腹に優しい。溶け出した黄色いバターが牛乳と混ざってトーストの上に浮いている。そこを目指して大きなスプーンですくい上げる。表面にかすかなカリカリ感を残しつつ、中はジュワーッと柔らかくも甘いパンをほおばると、病気が一気に治りそうな予感がしたものだ。

ミルクトーストを作るときも、パンの耳は切り落とさない。あのボワンボワンに牛乳を吸い込んだミルクトーストに耳がついていなかったら、おそらく牛乳は端から溢れ出し、大洪水となるだろう。パンの耳が防波堤になっているのだ。単なる「端っこ」ではない。

パンの耳の新たな活用法を思いついた。オニオングラタンスープに浮かべるパンに耳を使ってみてはどうだろう。そう思いつき、実践してみた。

フライパンに少量のニンニクとざくざく刻んだ玉ねぎをたっぷり、オリーブオイルとともによく炒める。よくよく炒める。じゅうぶんに炒めて茶色くなったら、そこへ適量の水とチキンスープの素、塩、胡椒、白ワインを少し。くつくつしてきたあたりで耐熱容器に移し、上からチーズと、そしてパンの耳。耳はサイコロ状に切り分けて散らす。多めに散らす。チーズも多いほうがいい。

これをオーブンに入れて二十分ほど焼けば、熱々のオニオングラタンスープの出来上がりだ。しょぼくれていたパンの耳がスープを吸い込んで豊かに膨らんでいる。堂々たる姿

である。

「おお、パンの耳よ、お前はなんて魅力的なヤツだ！」

ハグしたくなるほどのおいしさであった。

昔々、パン屋に毎日通ってくる画学生がおりました。貧乏なので立派なパンは買えません。いつも残り物のパンの耳や切れ端を買っていくばかり。きっとろくな食事もできないのでしょう。パン屋の奥さんは気の毒に思い、ある日、画学生が買っていくパンの切れ端にこっそりバターを塗っておきました。きっと画学生は驚いて、次に訪ねてきたとき、

「おいしかった。ありがとう！」

パン屋の奥さんは画学生の輝く笑顔を想像し、思わず嬉しくなっておりました。すると翌日、画学生がやって来ました。しかしその顔は嬉しそうではなく、むしろ怒りに満ちています。

「なんてことをしてくれたんだ！　僕の絵が台無しになってしまったじゃないか！」

画学生は、買ったパンを消しゴムがわりに使っていたのでした。

子どもの頃に父から聞いたこの話、てっきり舞台はパリだと思っていたけれど、だとしたら、パンの耳はないだろうにね。

究極ダレ

ニラダレ

　しゃぶしゃぶを作るとき、欠かせないのがタレである。しゃぶしゃぶを外で食べるとき、迷うのもタレである。

　ポン酢ダレにする？

　胡麻ダレがいい？

　我が家で食べる場合、私は一応、両方を用意する。豚しゃぶでも牛しゃぶでも、作るタレは同じだ。ただ、用意しながら最終的に胡麻ダレが勝つことを知っている。ならば胡麻ダレだけ作ればいいではないか。そう思うのだけれど、ちょっとポン酢と大根おろしでも食べたいなと、心の片隅でもう一人の私が遠慮がちに手を挙げるので、やれやれ、そちらも作らざるをえない。

　ポン酢ダレと言っても、さほど複雑なものではない。鰹出汁と醬油に瓶詰めのすだち酢を混ぜる。あるいは生のすだちやカボスやレモンがあればたっぷり搾り入れる。酸味が足りないときは酢を追加。そして食べるときに大根おろしを加えるだけだ。市販のポン酢ダ

レを使うこともあるが、甘ったるいのは苦手なので、市販のものに酢や醤油を足し、味を調整してから供する。

いっぽう自家製の胡麻ダレは手が込んでいる。自慢するわけじゃないが、自慢できる味だ。何人かに褒められて、胡麻ダレだけをプレゼントしたことがあるほどだ。と、そんな前ふりをした上で、ここにレシピを紹介するのも気が引けるけれど、一応ね。

用意するのは、白胡麻ペースト、醤油、酢、胡麻油、豆板醤、ラー油、腐乳（豆腐ようでもよい）、砂糖、擦ったニンニク、しょうが、香菜、長ねぎのみじん切り……ぐらいかしら。分量は、適当。大ざっぱに申し上げるならば、白胡麻ペースト二に対して醤油が二、酢が一、あとはいずれも少しずつ。いや、砂糖はけっこう多めに入れるかもしれない。最終的に、甘くて辛くて酸っぱくて臭い胡麻ダレになればそれでよしと思っているので、分量を量りながら作ったことがない。ついでに言えば、豆板醤だけでなく、甜麵醤《テンメンジャン》とかナントカ醬とかカントカ醬とか、賞味期限も怪しい調味料が残っていたらそれらを足すこともある。だから毎回、違う味になる。

ニンニクやしょうがや香菜、長ねぎは、別の小皿に盛り、食べるときに適宜加える方式でもいい。そのほうが、タレが残った場合に保存しやすいし、人それぞれの好みや都合があるだろう。翌日、ニンニク臭くなりたくないという場合もある。

でもあれですね。コロナ時代に入ってマスクをつける生活が続くうち、「翌日、対談が

あるからニンニクを食べるのはよそう」などという配慮をしなくなった気がする。たとえマスクを口元から外しても、ニンニクの息が相手に届くほど密着することがない。ソーシャルディスタンスを守っていれば、口臭もなんのその。

と、喜んでいたら、臭さは人のためならず。マスクをしていると、自分の口内のニンニク臭が鼻へと返ってきた。ウッ、昨日、お前は何を食べたんだ!? 自分で叱って自分で謝る羽目となる。つい先日も、お昼にざる蕎麦を食べたら、その後、マスクの中に蕎麦の匂いが充満し、閉口した。ニンニク同様、蕎麦を食べたあとも気をつけなければなりませんね。

食後の心配はさておいて、やはりしゃぶしゃぶにはニンニクのきいた胡麻ダレがよく合う。食事を始めた当初は静々と、ポン酢ダレに肉をひたし、白菜をつけ、アツアツの豆腐を口に運び、

「うわ、おいしいわねえ」

上品に笑顔を浮かべる私であるが、いったん胡麻ダレに移行してしまうと、なかなかポン酢ダレに戻ることができなくなる。たまに戻ったところですでに口の中は胡麻ダレ味に満たされたあと、ついでにお箸も胡麻ダレに身を売ったのちのこと。汚れを知らぬ少女のようなポン酢ダレの控えめな味わいは二度と帰ってこない。

その結果、大根おろしが残る。もったいないから煮詰まった鍋に投入してみよう。する

と、あに図らんや、我がしゃぶしゃぶは雪見鍋と化すなり。それもまた風流。

最近、新たなタレにハマっている。しゃぶしゃぶに限らず、何にでも合う万能ダレである。失礼。ちょっと調子に乗りました。そんなわけはないでしょう。このタレさえあれば、他の調味料は必要ないと言わんばかりのこの売り文句、常日頃から引っかかっていたにもかかわらず、自ら使ってしまうとは浅はかであった。実際、いろいろな料理本やネットの献立紹介にも頻繁に登場するこの言葉である。何にでも合う万能ダレならば、生涯に、あるいは一家に一つあれば済むだろうが、なぜか万能ダレは無限に種類がある。万能ダレが冷蔵庫に三つも四つも五つも六つもあった日にゃ、いったいどの万能ダレを使おうかと迷うことになるに違いない。それはもはや万能ではないということにはならぬのか。

と、そんなことを思う傍らで、私が今、ハマっているタレを使うたび、おお、このタレは何にでも合うなあと感動するのはどうしたことか。

では作り方です。簡単なのでメモのご用意は要りません。用意すべきは、なにはさておきスリラチャホットチリソース。以前、テレビで知り、通販で買ったのだが、「スリラチャ」という文字を見て、スリランカのものかと思ったら、どうやら販売元はアメリカのロサンゼルスであり、開発したのはベトナム系アメリカ人。でもソースそのものはタイで生まれたものらしい。由来はややこしいけれど、とにかく人気のエスニックな香り高きチリソースである。私はそのソースに砂糖、酢を加えて使う。分量は、適当。各自、お好みの

味に仕立て上げてください。甘いのがお好きなら砂糖を多めに。酸っぱいのがお好みでしたら酢を多めに。辛すぎるのは苦手という方は、チリソースを少なめに。でも基本は辛いソースですけれどね。お好みで香菜を入れてもけっこうですが、どちらでも。

このチリソースを何にかけるとおいしいか。まずさつま揚げにつけてみた。たちまちバンコクの風が吹いた。続いてラーメンに垂らしてみた。すると、ベトナム料理のフォーを彷彿とさせた。さらに今度はニラのお浸し、もやしのサラダ、湯豆腐、牛肉のソテー、生牡蠣、餃子、あさりの酒蒸し。さらにお店からドギーバッグにして持ち帰った鴨鍋にチョチョッと垂らしてみたところ、なんと味がイキイキと蘇ることでしょう。それまでタバスコやマスタードやラー油や豆板醬を添えて食べていた料理すべてにこのチリソースを試してみたくなる。これを万能と言わずしてなんと言おう。申し上げるまでもなく、私は今、この、スリランカ、じゃなくて、ラマンチャじゃなくて、スリラチャソースに、まさにハマっている状況だ。

そんな私のところに、さる情報筋から新たなタレのニュースが届いた。

ニラダレ。

グループＬＩＮＥの画面上に、ソテーされた薄切り豚肉とアボカドとたっぷりのニラダレがかかった写真がアップされている。たちまち各所から、

「おいしそー」

「私も作ってみました」

「この味、ヤバイ！」

続々と感想が集まる。普段、ネットに載せられた料理にさほど興奮することはないけれど、このニラダレに関しては、心が騒いだ。さっそく作りたい。でもレシピがない。LINE仲間に聞けばいいかもしれないが、そのグループに私は参加して日が浅い。なんとなく伺うのも憚られて、こっそりネットで検索する。同じニラダレが載っていないかしら。

ニラダレ自体はいくつもヒットした。でもそれぞれに作り方が違う。もっともシンプルなのは、ニラを細かく刻んで醬油と合わせるというものだ。まあ、これはニラ醬油のことかしらね。そこへさらに酢、砂糖、しょうが、胡麻、豆板醬、胡麻油、擦ったニンニクなどを入れるとニラダレになるとわかった。いくつかのレシピの中から、「胡麻油を一度、温めてからニラの上にかけるとさらに香ばしくなります」という文言のあるものを選んだ。いかにも香ばしそうである。でも、胡麻油の量はさほど多くない。小さなフライパンで熱くして、刻んだニラの上に回しかけてみたが、「ジュッ」と言ったのはほんの一瞬で、どれほど香ばしいか確かめるまもなく終わり、つまらなかった。

でも、出来上がったニラダレはたしかに好みの味だった。LINEの写真同様、薄切り豚肉のソテーと、ざく切りにしたアボカドと、ついでにキュウリの薄切りを添え、その上からたっぷりニラダレをかけて口に運んでみたところ、噂に違わぬ上等の味わい。「うー

ん、これは我が家の定番ダレに認可いたしましょう」という気分になった。

しかし思い返してみると、私の好みのタレはほとんど同じような材料を使っていることに気がついた。すなわち、醬油、酢、砂糖、辛いソース（豆板醬かチリソースのたぐい）、胡麻油、そしてニンニクとしょうが。そこへさらに匂いの強い腐乳や香菜やニラが加われば、じゅうぶんにおいしいタレになるというわけだ。どうやら私の味覚は、中国ないし東南アジア方面に起源があると思われる。エスニックな風味を舌が感じると、たちまち胃袋が踊り出し、食欲が倍加する。淡泊な味の肉も野菜も豆腐もワカメもラーメンも炒飯も、なんだっておいしくなる。このアジア系の味に飽きる日がいつか訪れるだろうか。でもこれが、なかなか飽きないんですねえ。

とはいえ、さらに自分の味覚を突き詰めていくと、結局、辿り着く万能ダレは、醬油だということがわかる。もし神様かお医者様に、「お前は今後、いっさいのニンニク、酢、砂糖、辛いソース、胡麻油を食すことを禁ず」と言われたら、だいぶ悲しいけれどしかたがないと諦めるだろう。でも、もし「今後、いっさい食べ物に醬油（減塩も含め）をつけてはならぬ」と命じられたら、死にたい気持になるかもしれない。そんな酷な。

かつて欧米を旅した折、何度、悲しい気持になったことだろう。豪華なステーキを食べるとき、立派なカツレツが出てきたとき、濃厚なシチューや香り高き焼き魚でもてなされたとき、私はいつも思った。

「ああ、ここにお醬油があったらなあ」

醬油を数滴たらしただけで、それらの料理は格段に風味を増し、箸やフォークの動きが活発化するに決まっている。しかしそこには醬油が存在しなかった。

私は改めて、醬油という万能ダレを味わえる日本人であることを、誇りに思います！

料理本ふたたび

ふわふわ玉子

このところ『ごはんにかけておいしい　ひとさライス』（小堀紀代美著、西東社刊）という料理本にハマっている。

ご飯にかける料理がたくさん掲載されていて、中を開くと、いや、表紙からして食欲を存分にそそられる。白いお皿にご飯がこんもり盛られ、その上にかかっているのは肉や野菜や魚を使ったさまざまなおかずのオンパレードだ。見るだにおいしそうな写真だらけである。

すなわちワンディッシュメニューというのでしょうか。たとえば「鶏肉とひよこ豆のトマト煮込み」とか「サーモンのスパイシーポケ丼」とか「豚肉とキャベツ、もやしのナンプラーバター炒め」とか「アボカドしらすサラダ」とか。よくよく考えれば、それらのレシピが単独で料理本に載っていたら、「ふむふむ。今度、機会があったら作ってみるか」ぐらいの興味を示す程度で終わるかもしれないのだけれど、同じ料理がご飯の上にのっているだけで、「すぐ作りたい！　早く食べたい！」という衝動にかられる。

なぜだ？

これぞワンディッシュの魔法ではあるまいか。とりあえず、このワンディッシュで一食が成立すると思った途端、ホッとする。肩から力が抜ける。あれこれ献立を考えなくてすむからかもしれない。昨日の晩の残り物を温めて、サラダを作って、酒のつまみになるものはないか、メインディッシュはどうしよう、汁物はなにがいいかなどと品数を指折り数えなくていい。冷蔵庫の冷気を浴びながら、どうすれば残り物の惣菜と、しなびかけた野菜と、カチンカチンに冷凍された肉のかたまりをなんとか組み合わせ、昨日とは違うメニューに仕立てあげることができるかで悩まずにすむ。

するべきことはまず一つ。ご飯を炊く。ご飯を炊いている間に、くだんの料理本をペラペラめくり、さて今日は、本書に並ぶ全部で六十数種類のレシピの中からどれを選ぼうかと思索に耽る。なんと明るい気持であることか。まるでお洒落なブティックに入って、「いらっしゃいませー」という軽やかなマヌカンたちの声を背に、ハンガーに吊るされた服の数々を手で一枚ずつ横へずらしながら、あら、これ可愛いわ、あ、こっちもいいわねと吟味する優雅なひとときのようである。

もちろん、材料が揃わなければどのレシピも作ることはできない。しかしこの料理本に載っている材料はおおむね手軽に手に入るものばかりだ。たいていのものは冷蔵庫や冷凍庫に眠っている。豚バラ薄切り肉、ひき肉、卵、ピーマン、玉ねぎ、キュウリ、長ねぎ、

みょうが、なす、しょうが、ニンニクなど、確たる目的はないけれどとりあえず買っておこうと思って常備してある食材のたぐいが多い。

ときおり、ひよこ豆とかミントの葉とかミックスナッツとかパプリカとか、普段利用することの少ない材料が書かれている場合はある。が、その一品だけ買ってきたらこのお洒落なワンディッシュができると思えば、何の苦にもならない。それでも買ってくるのが面倒だと思った場合、たとえば私はミントの葉っぱがなかったのでシソの葉で代用したし、パプリカはピーマンでいいかと判断した。ミックスナッツが必要なレシピのとき、台所の棚をごそごそ漁ったら、やや湿気たクルミの瓶詰めと袋入りのピーナッツが見つかったので、それを砕いて使った。ミックスナッツの風味には届かぬ出来であったと思うけれど、雰囲気は出た、たぶん。

それにしても、料理本を台所に広げて料理を作るのは久しぶりである。ここ数年、何かを作ろうと思うとすぐにスマホをぽちぽち押して、レシピを検索する癖がついていた。ネットにはいろいろな人の作り方が掲載されている。同じ料理でも、人によって材料も異なれば作る手順も違ってくる。プロのレシピもあり、企業が発信しているのもあり、どこのどなたか存じ上げない料理上手のユーチューバーの動画もある。それらをいくつか見比べて、だいたいのポイントをつかんだら、自らの好みと都合(材料のありなしなど)に鑑みて、いざまな板に向かうという日々が増えていた。本棚には長年にわたって揃えた料理本

が何十冊も並び、出番を待っているというのに、手に取って開く機会はめったにない。活字にまとめられた料理本の存在はかくのごとく忘れられていく定めであるのかと思うと切なくなるが、これも時代の趨勢というものか。

かく言う私自身、料理本を出した経験がある。だいぶ昔に遡る。四十代になってからのことだ。その歳にもなって恥ずかしながら和食の基本を知らないことに気がついた。

「改めて日本料理を習ってみませんか?」

親しい編集嬢の誘いに応じ、料理教室へ通い始めた。その成果を写真と原稿にまとめ、まさに『今さらながらの和食修業』という書名をつけて出版した。

そのときの我が師匠、野口日出子先生はもともと大阪生まれの普通の主婦だったが、結婚なさったのちに料理の基本を本格的に学び、その豪快さと味の良さが評判を呼び、多くの生徒に支持される人気の料理教室の先生となられた。

「日本人なんだから、魚の一匹おろせなくてどうします!」

これが野口師匠の口癖であった。たしかにおっしゃる通り。とにかく数を打つ! 何度も繰り返す。さすれば必ずや、魚をおろすことは怖くなくなるであろう。

そう確信した記憶があるけれど、あれから二十年以上経ち、ちっとも魚をおろさない生活に戻っている自分が今、ここにいる。トホホですね。

でも、と言い訳がましく申し上げるなら、野口先生から学んで続けていることもいくつ

かある。茶碗蒸しと切り干し大根と小カブの炒め煮と、そして鰹出汁の取り方。

切り干し大根に至っては、父に作ってたいそう褒められたほどだ。「おい、また切り干し大根を作ってくれよ」と父に何度も乞われた。そのときの父の声は珍しく優しかったことを思い出す。私は喜んで何度も作った。何度も作るうち、慣れたせいかしだいに感動が薄れてきた。あるとき、野口先生に再会した折、お訊ねした。

「切り干し大根がどうも最近、おいしくできないんですよねえ」

すると間髪いれず、

「あなた、私のレシピ通りに作っていないでしょ」

なぜわかるのですか。私には昔から悪い癖がある。レシピ通りに作らない。つい、自分流にアレンジしたくなるのである。少し砂糖を控えようかな。出汁は時間がないからインスタントでいっか。醬油をちょっとだけ足そうかしら。そんなこんなを繰り返すうち、いつしか先生の教えから遠のいていたらしい。それが自分の味になるという解釈の仕方はあるけれど、味が落ちる要因になることもままある。

私が初めて料理本を見ながら熱心に料理を作ったのは、おそらく高校生の頃だったと思う。実家の台所の小さな本棚に『娘につたえる私の味』という、縞柄の写真で装丁された本があり、それをペラペラめくるうち、引き込まれた。著者は辰巳浜子。いのちのスープで名高い辰巳芳子氏の母上である。母娘ともども料理の基本には厳しく、手抜きを許さぬ

丁寧な作り方が記されている。その中に一点、簡単に作ることのできそうなレシピが載っていた。題して「ふわふわ玉子」。
〈玉子、酒、砂糖、醬油、塩、油、水をまぜ、鍋に入れ弱火にかけます。底の方がかたまり始めたら、一回だけ底から大きくかき廻し、後は火をごく細くして蒸し焼きにするのです。六分通り火が入れば、あとは火からおろしてむらすと、食べ頃の半熟になります〉
（『新版　娘につたえる私の味』辰巳浜子・辰巳芳子著、文藝春秋刊）

これならできそうだ。私はいつも炒り玉子をつくる片手のアルミ鍋を持ち出して、そこへ卵を割り入れ、レシピ通りの調味料を加えていった。半熟の炒り玉子は私の得意料理だった。でも、そこへ酒や油や水を加えるという発想はなかった。弱火にかけ、いつものように割り箸を四本ほど握り、待機する。あまりかき混ぜすぎてはいけないらしい。でもちょっとかき混ぜてみたくなる。だいいち、放っておくと、オムレツになってしまうのではないか。心配になってやはりいつものように、鍋の底に張り付いた卵を箸で混ぜてみる。しだいに卵が上のほうまで固まってきて、ただ、いつもの炒り玉子とはたしかにどこかが違って見える。なんとなくふんわかしている。柔らかい感触だ。そうか、これぞふわふわ玉子と称する所以《ゆえん》ということか。

はたして私は辰巳浜子先生の仰せのとおりに作ることはしなかったが、その後ずっと、半熟炒り玉子を作るとき、酒と油を入れる習慣がついた。水のかわりに牛乳を加えること

もある。そうすると、ほらね。炒り玉子がふんわかふわふわになるのである。

料理本から知恵を得る楽しみを知ったのは、辰巳浜子さんのおかげである。一品の作り方を知るだけでなく、レシピの横に添えられたエッセイを読むと、その料理をかこむ季節の気配や食卓の風景、家族の顔や声までもがこちらに運ばれてくるようで、作る意欲がさらに増す。辰巳浜子さんのような立派な主婦になる自信はないけれど、せめて小さな真似だけでもしてみたい。そう思ってずいぶん愛読したものだ。しかし、きちんと（きちんとでもないか）踏襲したのは「ふわふわ玉子」だけだったような気がする。

この雑文を書くために十数年ぶりに料理本をいくつか持ち出して、中を覗いてみた。ああ、これ、何度も作ったな、そうそう、これは難しくて失敗したんだっけ。

料理本の魅力は、作り方だけではない。レシピの周辺に漂う著者の生き方、料理に対する愛情や意気込みや発想の喜びが伝わってきて、単調な食事作りの日々に新たな刺激を与えてくれる。

具の果て

味噌汁

毎日の献立を考えるとき、一つ汁物が欲しいと、三食に一回ほどの頻度で思う。洋風のスープでもいいけれど、手軽にできるのはなんといっても味噌汁だ。ただ、味噌汁を作ることを決めたとして、さて具には何を入れようか。そこが迷いどころとなる。

すぐに思いつくのは豆腐。あるいはワカメ。アサリやシジミがあれば、そんな贅沢なことはない。でもアサリやシジミがいいと思いついたとき、たいがい手元にアサリやシジミはない。だから買いに行かなければならない。今からですか？　と、時計を見る。面倒だ。アサリやシジミを具にしたい場合は、前日ぐらいからその気になっていなければ間に合わない。当日、発作的に思いついてもダメなのだ。しかたあるまい。他の具を探そう。

冷蔵庫を開ける。茄子、玉ねぎ、胡瓜、トマト、しいたけ、じゃがいも……。

具だくさんの味噌汁は健康にいいと誰かが言っていた。そうそう、鎌田實先生だ。発酵食品である味噌を摂取することは悪くないけれど、どうしても塩分過剰になりやすい。長野県の諏訪中央病院で高齢者医療に携わるうち、思いついたとおっしゃる。野菜をいっぱ

い入れた味噌汁にすれば、味噌の塩分をおのずと抑えることができる。その上、野菜をたくさん食べられる。町の人々に具だくさん味噌汁を推奨なさった。その結果、長野県では脳卒中になる人の数を画期的に減らすことに成功したという。

鎌田先生のお話に深く感化され、具だくさん味噌汁にはまった時期がある。冷蔵庫に残っている野菜を片っ端から切り刻み、出汁に放り込み、味噌を溶き入れる。里芋、じゃがいも、さつまいも、ダイコン、ニンジン、ごぼう、菜っ葉、玉ねぎ、長ねぎ、なんでもござれ。野菜のエキスがたっぷり染み込んだ具だくさん味噌汁は、たしかに身体によさそうに思われた。しかし、しだいに同居人の反応が鈍ってきた。

「お味噌汁だけでお腹がいっぱいになるね」「これは味噌汁というより、野菜の味噌煮込みかな？」

家人の小さな不満が募っているのを感じる。そしてとうとう、

「うーん。お腹いっぱいいただきました。もう生涯分、食べた！」

この台詞が出てくるときは、とうぶん食べたくないという合図である。そしてまもなく私の具だくさん味噌汁ブームは終わった。

再び冷蔵庫を開ける。お、ダイコンがあるではないか。少々しょぼくれているぐらいが味噌汁にはいいだろう。サクッと切れないほどふにゃふにゃになったダイコンをなんとか千切りにして出汁に放り込み、煮立ったあたりで味噌を投入する。

ここに私はよく梅干しを一つ、加える。味噌汁に梅干しを入れるという手立てをいつ覚えたか。記憶が曖昧なのだが、母がときどきそうしていたのを見よう見まねで継承している。梅干しの酸味が味噌に絡まって、全体の風味がしゃっきり引き締まる気がして好きである。

ついでに言えば、ダイコンの味噌汁は実のところ作った直後より、一晩寝かせて翌日に飲むほうがおいしいと私は思っている。ダイコンに味噌の味が染み込んで、柔らかくなったダイコン自体の甘さが増す。だからつい、ダイコンの味噌汁は多めに作る傾向がある。翌日、味の染み込んだ別味の味噌汁も飲みたいからである。そんなわけでダイコンの味噌汁を作るとたいてい、二晩続けて食卓にそれが並ぶはめとなる。「生涯分食べた」とは言われないけれど、作る側としては少々気が引ける。

だから頭を巡らせる。他に目新しい具はないものかねえ。

そこで思いついたのは、茄子の味噌汁だ。それも、ただ輪切りにした茄子を汁に入れるのではなく、あらかじめ胡麻油でよく焼いてから投入してみた。これがよかった。油のよく沁みた茄子が味噌味の汁と相性がよい。

味噌汁にほんの一滴、胡麻油を垂らすとおいしいですよ。そう教えてくれたのははたしてどなただったか。アツアツの味噌汁椀を口に近づけたとき、胡麻の風味がふっと立ちのぼって、たしかに香ばしい。胡麻油で焼いた茄子の味噌汁は、茄子の味わいと胡麻の風味

が重なって、美味である。

茄子の味噌汁にしばらくハマったが、これもまた別れのときが近づいてきた。あー、他にどんな具があるか……。


いっぽうで、冷蔵庫を開けるたびに頭を悩ます別の問題がある。

なぜこれほどにガラス瓶が並んでいるのか。奥に隠れているものもすべて引き出して検証してみれば、ふき味噌、柚子胡椒、イワシの佃煮、辣肉醤《ラーロージャン》、豆板醤、甜麺醤、XO醤、オリーブ、マスタード、ピクルス、ラッキョウ、ジャムの数々に瓶詰めウニなどが出てくる出てくる。ジャムは別にして、だいたいがご飯のお供として活躍しそうな濃い味のものばかりである。私にとってはいずれも宝物だ。少々、賞味期限が過ぎていようとも、もったいなくて捨てられない。少しずつ大事に賞味していこう。そう決めて幾星霜。大事にしすぎて、もはや存在そのものを忘れかけていたものもある。そもそも大量には食べられないからしかたがない。だから瓶モノは増える一方なのである。

かつて料理愛好家の平野レミさんに教えていただいた。

「冷蔵庫に長期滞在するものは、味が濃いものが多いの。味が濃いからなかなか減らない。そういうものは、炒飯を作るときに調味料として使えばいいのです。醤油や塩や味噌を使うかわりにね」

ほうほう、なるほどね。納得し、以来、炒飯を作るとき、佃煮や塩昆布やザーツァイや

古い漬け物を入れる手立てを覚えた。酸味や塩味は、これでまかなえる。食べそびれた濃い味軍団の見事なる再生利用である。……ということを最近、はたと思い出した。

そうか、味噌汁にもこの手を応用できないものだろうか。

冷蔵庫を開けて、具になるものを探しているとき、ふと瓶詰めのウニに目が止まる。もしかして合うのではないか……。まだ具を入れていない段階の味噌汁に、スプーンですくったウニを、贅沢とは思いつつ、ひとかけら投入してみる。火にかけて温まりつつある味噌汁の中、ウニが少しずつ溶けていく。味見をする。うんうん、なかなかイケるではないか。さらにウニを足す。おほほのほ、美味であるぞよ。調子に乗ったついでに、ウニの瓶の隣に並んでいた柚子胡椒もスプーンですくってちょろっと入れてみる。かすかにピリッとするけれど、悪くない味だ。

それから数日後、冷蔵庫の中にやや湿気た海苔を発見。これも味噌汁に合うのではないか。小さくちぎって投入する。海苔は即座に熱い味噌汁の中で溶けて、いい香りを放つ。なんとめでたや。嫁ぎそびれて冷たく僻んでいた海苔子がようやく良き縁談に恵まれて、嫁ぎ先を見つけたかのようだ。ここに山椒の粉をちょちょっと振りかければ、まるで料亭の味噌汁のごとき上品な味に仕上がった。

私の脳内で、味噌汁の具の抽斗がどんどん広がっていく。何を入れてもおいしそうだと思うほど、心もどんどん大胆になっていく。

たとえば味噌ラーメンを思い起こしてみよう。味噌ラーメンにはとうもろこしもキャベツもニラも、紅生姜だってニンニクだって入っている。そうだ、麵の入っていない味噌ラーメンを作るつもりで材料を想像していけば、それはまた中華風の味噌汁になりそうだ。

もちろん豚肉や牛肉などの肉類を入れればさらにおいしくなることは周知の事実である。豚を入れれば豚汁だし、牛肉を入れて、さらに里芋を豊富に入れれば山形の芋煮汁になるのだからね。野菜具だくさん味噌汁に豚肉を加えたら、家人の文句も小さくなることであろう。そうね、そういう手もあるね。

先日、島根の松江市を仕事で訪れた。大きな宍道湖《しんじこ》の横を車で通りながら、ボーッとシジミに思いを馳せた。ここは全国屈指のシジミの産地ではないか。よし、仕事の合間にシジミ汁をどこかで味わうことにしよう。そう心に期したものの、仕事を終え、帰途につくまで結局、シジミ汁の店に立ち寄るチャンスは訪れなかった。こうなったら空港で買うしかない。生のシジミは売っていないだろうが、佃煮とかシジミのエキスとか、シジミ関連の商品はなにかあるに違いない。そう思い、売店をウリウリ歩き回ってみたら、ありましたよ、絶好のシジミ商品が。

真空パックのシジミ。七人の漁師の凛々しい顔写真がパッケージの表に載っている。どうやらこの七人の漁師自慢のシジミという触れ込みだ。いかにもおいしそうではないか。

大粒シジミ三十個ほどでワンパック。それが二パック入っているようである。よし！

　家に帰ってさっそくワンパックを取り出し、ざるにあけ、軽く水洗いをし、沸騰したお湯に放つ。まもなくお湯が白濁し、シジミが一つずつ、ぽこり、ぽこりと口を開け始めた。そこへ味噌を投入。パックの説明書を読むと、「ねぎを加えるとさらにおいしくお召し上がりいただけます」とある。長ねぎをみじん切りにしておこう。

　久しぶりに正統的な味噌汁だ。さんざんいろいろ試してきたけれど、もちろん私は正統味噌汁も好きである。煮干しの出汁にサイコロのように小さな豆腐が入った赤だし味噌汁もいい。反対に、白味噌に大きな絹豆腐を浮かべていただく味噌汁も悪くない。

　そういえば、だいぶ昔にいただいた信州味噌を大事に、というか長くというか、保存していたら、いつのまにか赤味噌に変色していた。白っぽい味噌も長く置くと赤味噌になるのでしょうかね。それはそれで気に入って使っている。

　さて、シジミの口はすべて開き、そろそろ椀に注ぎましょう。みじん切りにしたねぎも浮かべて……。と、そのときふと思いつく。ここにバターを一かけ落としたら、どうだろう。シジミの味噌バター味。なんとそそられることだろう。味噌ラーメンにもバターがよく合うではないか。

「どう？」

　食卓でシジミ汁をすする家人に問いかける。

「うん、おいしい、おいしい」

珍しく積極的な声が出た。まだ生涯分の域には達していないとみた。

最後の試金石

ナマコの醤油煮込み

両親を看取っていただいた「よみうりランド慶友病院」の会長、大塚宣夫《のぶお》先生は、常日頃より、「食べる意欲を捨てたとき、それは死を覚悟するということです」とおっしゃっておられる。だから大塚先生の病院では、できるかぎり入院患者が「食べたい」と思うものを提供できるよう工夫なさっている。外食も持ち込みもオーケイ。お酒もたしなむ程度なら呑むことを許し、病室からお寿司や鰻を注文することも可能である。

もちろん、人によって食べることへの関心の度合いはそれぞれだ。仕事のほうが面白くて食べる時間が惜しいと思う若者もいるだろう。美食を求めて躍起になることをはしたないと言う人もいる。「おいしい」とはどういうことなのか、よくわからないと呟いた編集者を知っている。反対に、「死ぬまでに食べる回数は限られているのだから、一食たりとも不味いものは食いたくない」と豪語した我が父のような人間も案外、多い。そして私は、父ほど毎食、抜群においしいものを食べなくてもいいけれど……、不味いものは食べたくないけれど……、大塚先生がおっしゃるように、食べることへの関心を完全に失ったら、

死期が近いと自覚するだろう。

もっとも父は、死ぬ間際まで食べ物のことを考えていたように思われる。亡くなる少し前、見舞いに行くと弱々しい声ながら、「鯛の刺身が食いたい。マグロもいいなあ」とバカに積極的なことを言い出した。孝行娘はそんな意欲的な父を喜ばせたくなり、二日後、デパ地下を走り回ってマグロと鯛と、ついでにウニと鱧の刺身も買い込んで病院へ持ち込み、誤嚥性肺炎を起こさないよう細かく刻み、父の口元へ運び、用心深く咀嚼するよう促した。しばらくモゴモゴと口を動かしていた父が、「旨いね」と反応したとき、私は「やったあ!」と思ったものだ。

気をよくした私は、続いて到来物のおいしいローストビーフと、トウモロコシを油で揚げて父のもとへ運んだが、ローストビーフは喜んだものの、トウモロコシの天ぷらには、「不味い!」とはっきり言い切った。そしてその翌日に息を引き取った。すなわち、「不味い!」が、娘に向けた父の最期の言葉となった。

しかし今思い返しても、父はまことに死ぬ直前まで食べることに意欲的だった。体のあらゆる機能が低下して、胃腸の循環も決して芳しかったとは思えないのに、それでもなお、おいしいものを食べたいという欲が衰えなかったのである。我が父ながら天晴れであった。

最後の晩餐に、あなたはなにを望みますか。三十年近く昔、ある雑誌のシリーズ企画に

応じたことがある。さて何にしようか。さんざん迷った末、私は、

「おにぎりにします」

編集担当氏にそう告げると、

「おにぎりは前号で他の方が選ばれましたので、他のもので……」

そうか。同じ食べ物が続くのは避けたいのであろう。しかたあるまい。

「では、ナマコの醤油煮込みで」

そう宣告したとき、編集担当氏は平静を装いながらも奇異に思ったはずである。もうすぐ死ぬという人間が、そんな濃厚な中華料理の一品を食したいと思うか。疑念が湧いたにちがいない。しかしベテラン編集者とは立派なもので、そんな疑念はおくびにも出さず、

「ああ、それはいいですね。さっそく撮影する店を探します」

こうして私は赤坂の維新號本店へ赴き、美しくもこってりと煮込まれたナマコのプルンプルンを箸でとって白いご飯に乗せ、大口を開けて頰張った。

シャカシャカシャカ。カメラのシャッター音が部屋に響く。

「はい、もう一度、笑顔で！」

シャカシャカシャカ！

まもなく息絶える人間の食べる姿とは思えぬ幸せに満ちた表情で、私は写真に収まった。

しかし内心では、たしかにもうすぐ死ぬという気力も体力も嚥下力も消化能力もことごと

く衰えた状態で、いったいこんな濃厚な料理が食べられるかしらと苦笑していた。ならばなぜ、最後の晩餐の一品として私はナマコの醬油煮込みを選んだか。

ちょうどそのとき食べたかったからだ。

食べたい！　と思ったときが食べどきなのである。企画の意図がなんであろうとも、私の胃袋は満を持してナマコの醬油煮込みを受け入れる態勢になっていた。理由は覚えていないが、気持の方向が、「ああ、ナマコ……！」と思っていたタイミングに、その依頼が来てしまったのだからしかたあるまい。

昔から父もよく言っていた。

「行こうと思っていた天ぷら屋が休みらしい。もう胃袋は天ぷらのかたちになってしまったんだから、困るんだよ」

父ほど食い意地は張っていないが、その言葉には同意した。そう、胃袋とはそういうものである。胃袋は、まもなく投入される食べ物のかたちになって待機しているにちがいないのだ。

「今夜は焼き肉にしよう！」

そのつもりでいたら、

「予定変更。今夜は和食です」

ちょっと待って。それは困ります。胃袋が異議を唱える気持はよくわかる。

アスリートがそうではないか。大きな大会へ向けて、その大会当日の体調を万全にするために、何ヶ月も何年も前から準備を始めると聞く。胃袋とて、アスリートほどの長期にわたる入念な準備はしなくとも、食べる前にはそれなりの覚悟と準備が必要だ。いや、必要という言葉は適切でないかもしれない。私はそれを「楽しみ」と置き換えたい。

昔からそうだった。本番の瞬間を迎えるまでが私には心躍る時間だった。デート（古いかしら）に向かう電車の中でことのほか興奮したものだ。郷ひろみの「よろしく哀愁」を聞いたとき、深く共感したのを覚えている。会えない時間が愛を育てるのだよ、君！　で、約束の場所に着き、

「なんで遅れてくるの？」

「しかたないだろ。電話がかかってきちゃったんだから」

「出かけますって、相手に言えないわけ？」

「言えないよ。失礼だろう」

会った途端、喧嘩になる。あれほど会うことを楽しみにしていたのに、なんでこんなことになっちゃったのと、泣いたことが何度あっただろう。携帯電話なんぞなかった時代の苦い思い出である。

食事も同様。昔よく「食べる前と食べた後と、どっちが幸せ？」という問答を友達とし

たが、私は断然、「食べる前」と答えた。お腹を空かせ、これから何を食べようか、何を作ろうか、なんのメニューを選ぼうかと思案している時間がこよなく好きである。もちろん、予定通りの料理を前にして、箸で運んで口に入れ、「ああ、おいしいねえ」と感動の声を上げるときも幸せではあるけれど、それはひたすら満腹への道をひた走っていることを私は知っている。しだいにお腹が重くなり、おいしそうに見える料理を前にして、つい溜め息が漏れる。幸福感はもはや色あせ、お腹とともに箸まで重く感じられるのだ。

しかし、そんなときでも私は幸せを探そうと画策する。食べ残すのはもったいない。無理をして口に入れるか。無理に食べてもおいしく感じないに決まっている。でも、もったいない……。そうだ！

「これ、テイクアウト、できますか？」

「もちろんです！」

店の人のその言葉を聞いたとき、私の幸福感はたちまち蘇る。

先日、ウチでステーキを焼いた。他にもさまざま惣菜を並べたせいか、最後にメインディッシュであるステーキを焼いて食べる頃にはもはやお腹が少々膨れていた。皿には三切れ、残っている。我が亭主殿が、「食べちゃおう」とフォークを伸ばしたとき、

「待った！」

私は号令をかけた。

「今、食べたら、このおいしいお肉の感動が薄らぐと思う。残しておいて、明日の朝、ステーキサンドを作りましょう！」

すっかり食べる気になっていた亭主の気持を完全無視し、私は皿を強引に引き上げた。

翌朝、食べ残したステーキをさらに薄く切り、レタスと玉ねぎを加えておいしいモーニングステーキサンドを作った妻は、やはり賢かったと言わざるを得ない。

だから、と、ここで無理やり話を戻すが、最後の晩餐として「ナマコの醬油煮込み」を選んだ私は、間違っていなかったのではないかと、今、思う。

もっともこの料理さほど知名度が高くないかもしれない。ナマコは薄く輪切りにし、酢の物にしてコリコリした感触を楽しむ酒の肴だと思っている人が多い。

「ナマコの醬油煮込み？　なにそれ？」

そう聞かれることがたびたびある。中華料理では乾燥させたナマコを戻して料理に使う歴史が長くあり、味で言うならばフカヒレの姿煮の親戚のようなもので、ナマコ自体は淡泊でプルンプルン。そのプルンプルンが濃厚な醬油ソースと絡まって、滋養豊かな味わいを醸し出す。決して安価な料理ではないけれど、フカヒレほどは高くない。しかも家庭で作るのは困難だ。家で作ることのできない料理を専門のレストランで食べることこそ、外食の醍醐味だと私は思っている。

中華料理店へ赴いて、フカヒレを食べたいけれど高いなあ。そう思ったときは、そうだ、

ナマコにしよう。そういう流れで注文することが多い。

大皿にドテンと大きなナマコが運ばれてくる。ナマコの他にタケノコ、干し椎茸、長ねぎなども一緒に、とろみのついた醬油味のソースに浸っている。アツアツのナマコの切り身を箸でつまみ上げ、白いご飯の上にいったん置き、アチッアチッと言いながら口へ運ぶ。おお、美味であるぞ。続いてソースをスプーンですくってご飯にかけ、頰張る。なんてご飯に合うのでしょう。それを何度か繰り返すうち、おいしいソースが必ず皿に残る。そこへ白いご飯をぶち込んで、ソースもろともさらうという手があるけれど、もはやお腹がいっぱいだ。迷っていると、食べ終わったと判断した店の人が静かに皿を引き取りにくる。

「待って！」

すかさず私はその手を押さえ、

「このソース、持って帰っていいですか？」

「はい。お包みしましょう。ご飯にかけて食べたら、おいしいですよねえ」

同意してくれる人がいると、なお嬉しい。

あの残ったソースを平らげるまでは死ねない。まさに私にとって生死に関わる試金石なのである。

もし私が、残ったナマコの醬油煮込みのソースに目もくれず、さっさと席を立ったら、そのときこそまさに、このばあさん、死期が近いぜと思し召しください。

シチューそうそう

森山シチュー

森山良子《りょうこ》さんが森山家伝来のシチューを作ってくださった。お宅にお招きいただいたわけではない。私が司会を務めるテレビ番組の企画である。事前にキッチンスタジオで作る工程を収録していただき、後日、スタジオにてその映像を森山さん含めた出演者全員で見つつ楽しむという趣向だ。映像の中で良子さんは何度も、「簡単なのよー」、「いい加減なのー」と謙遜しながらも、慣れた手つきでテキパキと作業を進めていく。「テレビカメラの前だと緊張しちゃうわねえ」と言いながら、調味料を大胆かつ大ざっぱにパッパカ振りかける。

料理をすると、その人の本質がわかると言われるが、良子さんの場合、解説は歌うがごとく、動きは踊るがごとく、優雅に楽しげに調理されるが、一つ一つの作業は豪快そのもの。男勝りの思い切りの良さが随所に窺われる。常日頃より何をしても苦にすることのない方だと敬服していたけれど、その料理姿を拝見し、さらにその感を強くした。

さて、そんな良子様の作るシチューはどんなものかと問われれば、一見、「？」と思う

シロモノである。現にこのシチューを初めて食した娘婿殿の小木《おぎ》氏の言葉を借りると、「なんか、泥みたい」

そんな失礼な感想を返されても姑の良子様は、「そうなのよ、みんな最初はびっくりするの」と、素直に認める寛容ぶりである。

そもそもこのシチューは、良子さんのいとこであるかまやつひろしさんのお母様から伝授されたものだという。以来、森山家で頻繁に作ってきた一品らしい。

それぞれの家庭にはそれぞれ受け継がれてきたシチューというものがある。

阿川家のシチューは私が物心つく前から本格的だったようだ。その件については以前に触れた気がするが、父は、母の唯一の嫁入道具だった村井弦齋著『食道楽』に目をつけて、その書に登場する料理の数々を、新婚間もない母に強制的に作らせた。その一つがオックステール・シチューであり、またタン・シチューでもあった。仔牛の脳みそのフライなるものにも母はトライしたらしいが、調理の途中で覗きにきた父が、そのあまりにもグロテスクな姿に恐れおののいて、結局、我が家の食卓には載らず、隣家にお届けし、たいそう喜ばれたという逸話も長く語り継がれてきた。

仔牛の脳みそのフライはさておき、オックステール・シチューやタン・シチューの作り方がその名著にはどんな具合に記されていたのか。昔から気になりつつも確認する機会を逸していた。両親亡きあと実家の整理をした折、どこかにしまい込まれているはずの『食

道楽』を探し当て、拙宅に持ち帰ろうと企んだが、結局見つけることができなかった。大量のガラクタに紛れて姿を消してしまったようだ。となれば……、そうだ、父が自らの食エッセイにシチューの話を書いていたはずである。思い至って阿川弘之著『食味風々録《しょくみぶうぶうろく》』（新潮文庫）を繙《ひもと》くと、あった。

さっそく「牛の尾のシチュー」という項を開いて読み進む。予想通り、父は『食道楽』を読んでオックステール・シチューを知り、母に作らせたとある。

〈青山に吉橋《よしはし》という肉屋があった。朝からビーフステーキを食う岡本かの子が、かつて贔屓にしていた店で、御用聞きの鈴木の小父さんに、「牛の尻っぽ、それも皮つきの奴」と頼んでおくと、二、三日中に配達してくれる。牛の尾の外皮は、毛抜きに手間が掛るし、そのまま売れば自転車のサドルが一枚分取れるので、肉屋の職人が扱うのをいやがるそうだが、それでも安かった。かくてわが家の女房は、先ず自分の嫁入道具をたよりにオックステール・シチューの作り方を覚えた〉

そこからいよいよ作り方に続くのかと文字を追う。が、父の関心はもっぱら村井弦齋とその著書に傾いたようで、シチューからいつしかトマトジャムの話へ転じ、さらに明治の中頃に出版されたこの本を取り巻く逸話のあれこれや、本書が当時、どれほどのベストセラーとなり、若い娘の嫁入道具として日本人に愛好されていたことなど、そして最後には、〈うちの女房〉（母のこと）はもはや老女となり、〈牛の尾のシチューとか東坡肉とか、『食

道楽』風の手の込んだ料理なぞ、今では、めったにもう拵えてくれない〉という愚痴で締めている始末だ。これではタイトル詐称だぞ。牛の尾のシチューのことなど、ほんの数行しか記していないではないか。まあ、亡き父に文句を言ってもしかたあるまい。

かくなる上は、もはや老女となった娘の記憶を辿るしか手立てはなさそうだ。

私が子供の頃、母がシチューを作るときはまず小麦粉とバターを丹念に炒めるところから始まった。ブラウンソースを作るためである。当時はデミグラスソースの缶詰やブラウンソースの素などというものは市販されていなかった。

バターの黄色が粉に染み込んで、最初はねっとりしているペースト状のルウを弱火の上で杓文字を使って丁寧に炒めるうち、少しずつ薄茶色から茶色、さらに焦げ茶色へと変色していく。しっかり濃い茶色になって生地の状態もねっとりからサラサラし始めたところへ、あらかじめ別鍋で茹でておいたタンやテールから染み出たスープを差せば、ジュワーッという音とともにとろりとしたブラウンソースが出来上がる。これをベースにして、肉や野菜と混ぜ合わせるのが我が家のシチューの基本的な作り方だった。

話を森山家のシチューに戻す。実はこのブラウンソース作りの工程が、森山シチューには存在しない。かといってデミグラスソースの缶詰を使うわけでもない。ならばどういうシチューソースを作るのか。

段取りからいくと、まずシチュー用の肉を適度な大きさに切り分け、フォークなど先の

鋭いものでブッスブッスと穴を開けまくる。肉が穴だらけになったら、塩胡椒とオールスパイス、ナツメグをたっぷり振り、小麦粉もさらさらと振りまき、手でよくもみほぐし、深鍋にバターを溶かして肉を放り込む。ほどよく炒めたら、熱湯を注いで二、三時間煮込む。適当なタイミングでざく切りにした玉ねぎ、ニンジンを投入し、顆粒ブイヨンを加え、さてここからが森山流の醍醐味とみた。すなわち、とろみをつけるため、ボウルに入れた小麦粉に熱湯を注いでよく溶かし、糊のようなドロドロ状になったら、それを少しずつシチュー鍋に注ぎ入れていく。注ぎ入れる以前、シチューの色は薄茶色だ。そこへお湯で溶かした小麦粉を入れたところで色は変わらない。だから最後まで薄茶色。これが婿殿に「泥みたい」と言われた所以であるらしい。

ちなみに適度なとろみがついたのち、あらかじめ柔らかく茹でておいたジャガイモと、緑の野菜、たとえば芽キャベツやブロッコリーなどを最後に入れて、

「これで出来上がり。簡単でしょお」

調理のビデオが終わったところで、

「では召し上がっていただきましょう」

試食タイムが始まった。良子様、お忙しいのにスタジオ用にも作ってご持参くださったのだ。

小さなご飯の山の添えられた森山シチューの器が運ばれてきた。

「おお、アツアツだ！」

器を受け取ってシチューを目の当たりにした瞬間、「泥みたい」とは思わなかったけれど、たしかにシチューのイメージからはやや遠い。いったいどんな味がするのだろう。スプーンを握り、ご飯にシチューをからめてすくい上げ、そっと口に入れる。直後、

「おいしい！」

テレビ番組用のお世辞ではない。なんともかんとも優しい味がしたのである。

正直なところ、シチューというものは、作っているときと、最初の一口には感動するけれど、食べ進めるうちにその濃厚さが胃を圧迫し始めて、たいていの場合、食べ切れない事態となる。しかしこの森山シチューにはそういう重圧感がない。かといって、さらさらのハヤシライスとも違う。ビーフスープというわけでもない。まぎれもなくドロンとしたシチュー。でも、シチュー然とはしていない。

「おいしい？　ホントに？　嬉しーい」

作製者、森山良子氏も嬉しそうだ。

家庭の味は家族のものだ。レストランの料理とは違う。万民が同意するとは限らない。しかし森山家のシチューは私の口と胃袋にまちがいなくフィットした。

テレビの収録を終えた二日後、森山シチューを作ることにした。記憶が新しいうちに復習しないと忘れてしまう。

自分で作ってみて気がついた。簡単とはいえ、やや手間がかかると思われるのが、フォークで肉に穴を開ける作業である。それなりの力と時間を要した。でもこれを怠ると森山シチューにはならない気がして頑張った。

と言いつつ、加工癖のある私は森山レシピに反することもした。すなわち、肉をバターで炒める際、ちょこっとニンニクのみじん切りを加えた。それから肉を炒めてまもなく、湯を注ぐ前に玉ねぎとニンジンを加え、その段階でかなりたくさんの小麦粉を振りまいた。心の片隅で、「最後に湯で溶いた小麦粉を入れる」という段取りにかすかな不信感を抱いていたからだ。片栗粉なら水で溶いて入れることはあるけれど、小麦粉をその要領で料理の仕上げの段階で入れたことはない。しかし、実際のところ、材料に振りかけた分だけではとろみが足りなかった。結局、森山レシピに則って、湯で溶いた小麦粉を最後にトポトポッと注いでみたけれど、味に問題は生じなかったようだ。あと一つの反逆は、こっそり醤油とリーペリン・ウスターソースを垂らしたことである。ごめんなさい、良子様。

そして数時間。茹でたジャガイモと芽キャベツを仕上げに加え、はたして番組で食した森山シチューとほぼ同様の出来と相成った。

食する前、スマホで鍋ごと写真を撮り、森山師匠に送信した。

「おお、全く同じカラーではありませぬか！　良か良かですね〜。一口食べたーい！」

さっそく師匠からご返信。私も師匠に試食していただきたい。たくさん作ったので、き

っと数日は食べ続けることになるだろう。折を見て本当にお届けしようかしら。そう思ったが実現しなかった。なぜか。おいしくて、肉がいつまでも柔らかく（穴だらけにした成果ここにあり）、亭主殿も秘書アヤヤもおかわりしてくれて、早々になくなっちゃいましたのよ。

リンゴの先

アップルパイ

晩秋から年末にかけて、リンゴの到来物が多かった。山形、山梨、青森、岩手など、各所からリンゴが続々届いた。大きさ、色は異なれど、いずれも味の甲乙つけがたし。芯のまわりに透き通った蜜が集まり、得も言われぬさわやかな甘味を醸し出している。毎日のように、あちこちの段ボール箱から取り出して、皮ごと櫛切りにしていただく。それでも食べ切れない。冷蔵庫にも入らない。でも嬉しい。ベランダのなるべく陽の当たらぬところへ箱ごと出す。寒風の中、赤や黄色のリンゴが行儀良く並んでいる光景を見るだけで、なんとも言えず豊かな気持になる。赤いリンゴに唇よせて♫　歌の影響か。リンゴは冬の平和の象徴だ。

リンゴの食べ方はあまたある。人生最初のリンゴの記憶は擦りリンゴだった気がする。熱を出して寝込むと、母はよくリンゴを擦って枕元へ運んでくれた。リンゴがないときは、ミカンか桃の缶詰が出てきた。栄養になると思ったのか。果物を遠慮なく食べられるのは病人の特権だった。

擦りリンゴはしかし、刻一刻と変色する。淡い黄色がどんどん茶色く染まっていくので急いで食べなければならない。熱に体力を奪われているときは、おいしいと思いつつ、スプーンで口に運ぶことさえ億劫になる。いったん手を止めて、ガラス鉢に入った擦りリンゴを放置する。再び食べようと思って手を伸ばすと、怖ろしいほど茶色くなっていてギョッとしたのを覚えている。

擦りリンゴの次に衝撃を受けたのは、白雪姫の映画に登場したアップルパイだ。……とここで衝撃の事実発覚。念のために調べたら、映画「白雪姫」に出てきたのはアップルパイではなく、グースベリーパイというものだったらしい。そんなこと今さら知らされても、私はこの七十年近く、あれはアップルパイだと思い込んでいたし、たとえその映画を観た時点で、「グースベリーパイよ」と教えられたとしても、当時、グースベリーなんて知らないからピンと来なかったであろう。ということで、申し訳ないですが、ここから先の話は、「アップルパイと思い込んでいたアガワの妄想独白」とご理解いただきたい。

で、話を戻すと、七人の小人の家に世話になっていた白雪姫は、小人たちが仕事に出かけて留守の間、アップルパイを焼く。細かく切ったリンゴをパイ皿に詰め、上からパイ生地をふわりとかぶせ、白雪姫はさも楽しそうにアップルパイを作っていく。軽やかに歌いながら踊りながらそれを窓辺に置く。なぜ窓辺に置くのだろう。オーブンに入れないのか。子供心に不思議に思った。が、まもなくそのわけが明らかにされる。

アップルパイのまわりに森の小鳥が集まってきて、くちばしを使ってパイ生地にぽつぽつと穴を開け始めたのだ。ついでに小鳥たちはアップルパイの丸い縁に乗り、ぴょんぴょん跳ねながら、足の先を使って模様を描いていく。違ったかしら。白雪姫がパイ皿の縁からはみ出したパイ生地をナイフで切り落としていくと、小鳥たちが羽ばたきながら切り落とされたパイ生地をくちばしでくわえてお手伝いをするシーンもあったような。とにかくそのアップルパイを作る工程がいとも魅力的だったのを覚えている。

そのディズニー映画を観たのはたしか小学校の低学年だったと思うが、当時、アップルパイを家庭で焼くことができるとは思ってもいなかった。お菓子作りに憧れた最初のきっかけは、あの白雪姫のアップルパイを見たときだったと思う。

それにしても白雪姫は、アップルパイを焼いたあと、魔女から毒リンゴを差し出され、それを一口かじって永遠の眠りについてしまう。考えてみれば白雪姫はずいぶんリンゴ好きですな。原作者のグリムさんがどういう意図でリンゴを登場させたのか、ウォルト・ディズニー氏がなぜ白雪姫にアップルパイを焼かせたのか、わからない。あるいはリンゴはそもそもアダムとイブにつながる哲学的示唆でもあるのか。

小学生にしてアップルパイ作りに憧れたわりに、アップルパイを焼いた記憶はとんと薄い。むしろチーズケーキやスポンジケーキやバナナブレッドを作った回数のほうが多いかもしれない。アップルパイは、パイ生地が命である。パイがサクサクしていなければおい

しくない。それが私の菓子作り意欲にブレーキをかけた。パイ生地かあ、難しそうだなあ……。

パイ作りに挑戦したことがないわけではないが、なにしろ手間と時間がかかるのが難である。ついでにバターを大量に使うことに罪悪感を覚える。まだカロリーを気にする年頃ではなかったけれど、少々贅沢すぎる気がした。

作り方といえば、薄力粉と強力粉を合わせてボウルに入れ、そこへ小さく切ったバターをたっぷり混ぜ込んで、少しずつ水を加えて練っていく。練りすぎてはいけない。しかしバターと粉と水が合体しなければパイ生地にはならない。ほどよく混ぜたら丸めてボウルから取り出し、今度は平たい場所に広げ……、といってもお菓子の先生のウチにあるような大理石の天板などはないから、普段水切りカゴが乗っているステンレスのスペースを使うことにする。まな板では狭すぎるのだ。

きれいに拭いたステンレスの面に打ち粉をし、パイ生地を乗せ、麵棒で伸ばしては畳み、伸ばしては畳みを繰り返す。麵棒にも打ち粉をし、バターがくっつかないよう気をつけながら、伸ばしては畳み、伸ばしては畳む。そこらじゅうが粉だらけになる。ときおり冷蔵庫へ入れて冷やさなければ、バターが溶けてしまう。少し冷えたら冷蔵庫から取り出して、再び麵棒で伸ばし、畳み、伸ばし、畳む。

パイ生地をつくるだけでも大変なのに、そこへ投入するリンゴなどの中身も調理しなけ

ればパイ菓子にはならない。そう思うとゴールがはるか遠くに感じられた。

以前、刀鍛冶の名人、河内《かわち》國平《くにひら》さんと対談をした。真っ赤に燃える鋼のかたまりを、何度も打つ。火花が散っても怯むことなく、向こう槌を担当する弟子と見事に息を合わせて打ち続ける。伸ばした鋼を折り畳み、また打つ。畳んでは打ち、畳んでは打ち、それを按配よく繰り返すことにより、美しく切れ味の鋭い刀が出来上がるのだと教えられた。

「ミルフィーユみたい」

私が思わず口走ったら、

「ミルフィーユってなに？」

ミルフィーユというか、つまりパイ生地をつくる要領と似ていると言いたかったのだ。それを説明するのももどかしく、後日、河内師匠にミルフィーユをお届けしたところ、

「刀作りと似てるかどうかわからんけど、おいしいね」

にっこり笑ってくださった。

刀鍛冶ほどの崇高で難しい作業ではないものの、やはりパイ作りは面倒くさい。そう思ったとき、ひらめくのは焼きリンゴだ。これは簡単。リンゴを丸ごとまな板に乗せ、芯の部分をスプーンでくり抜く。くり抜かれた穴に干しぶどう、シナモン、バター、砂糖を詰め込んで、オーブンで焼く。部屋中に漂う甘い香りの心地よさ。焼き上がったリンゴをオーブンから取り出して、柔らかくなった身をスプーンですくい、口に入れた瞬間の幸福感。

バターと砂糖が染み込んで、少しふやけた干しぶどうとシナモンが、これまたお洒落な風味を出している。一口、二口、三口……。だんだん飽きてくる。スプーンでほじくり返したリンゴのかたちもだらしなく崩れていく。全部は食べられそうにない。結局、途中で断念するのが、焼きリンゴの定めだ。ごめんね、リンゴちゃん。残りはまた明日。焼き上がるまでは楽しいのに、いざ食べると、半分ぐらいでギブアップしてしまう。

焼きリンゴにするのはやめて、櫛切りにしたリンゴをフライパンで焼くことはちょくちょくある。デザートとしてではない。肉料理に添えたり、炒めた野菜のそばに置いたりして、食事の、いわばアクセントの役目を果たす。これは焼きリンゴよりさらに簡単。フライパンに薄くオイルを引き、櫛切りにしたリンゴを順次並べていく。本当はバターをたっぷり引いて焼きたいところだが、ケチる。というか、カロリーを控えるためである。

作り方は簡単だが、思いの外、時間がかかる。野菜をちゃちゃっと油炒めするのとは要領が異なる。熱とオイルがじゅうぶんに染み込んで、リンゴがしんなりするまでじっくり焼かなくてはおいしくない。しんなりするのを火の前で待っていられなくなり、他の料理の作業にかまけていると、今度は焦げつく。いつも失敗する。焼きすぎると苦くなる。

じっくり櫛切りリンゴを焼きながら、ここにパイ生地があったらアップルパイになるなあと想像する。パイとからめて食べたらおいしいだろうなあと妄想する。でもパイ生地をつくるのは面倒。

アップルパイの雰囲気だけでも出そうと、薄く切った食パンにバターを塗り、その上に櫛切りリンゴを載せてオーブントースターで焼いてみた。悪くはない。でもアップルパイのサクサク感にはほど遠い。

市販のパイ生地という便利なものがある。だいぶ以前に買って、冷凍庫に保存していたはずだ。ということをハタと思い出した。そうだ、あれを使えば簡単にアップルパイができる。冷凍庫を捜索し、ようやく取り出したるは、氷に覆われた使いかけのパイ生地だ。口をテープで留めてあるとはいえ、やや冷凍焼けしているきらいがある。でもまだ使えるかしら。恐る恐る袋から取り出して、麺棒で伸ばし（あんまり伸びない）、畳んで再び伸ばし、端っこが変色しているのを無視してまた畳んで伸ばし、前もって煮ておいたリンゴを載せてパイ生地で包み、ミートパイのような形状に仕立て上げてオーブンで焼いてみた。表面に卵の黄身を塗り込むと照りが出て美しくなるのは知っていたけれど、ほんの小さなミートパイ大のアップルパイである。卵がもったいないと思って省略。

結果。あれこれケチったり省略したりしただけの味であった。やっぱり自分でパイ生地をつくらないとダメか……。

そう思っていた矢先、仕事先へ向かう道にふわりと甘い香りが漂ってきた。冷たい風に混ざって鼻をくすぐる。その香りの元を探って足を向けると、「焼きたてアップルパイ」と銘打ったお菓子屋さんだった。躊躇することなくドアを開け、まっすぐカウンターへ進

む。奥では白い上っ張りを着た菓子職人が、今まさにアップルパイの表面にヘラで卵の黄身を塗っているところではないか。

カウンターに目を戻す。ぷっくりふくれあがった、表面がキラキラ輝く半月形のアップルパイがガラスケースに並んでいる。

その店はアップルパイ専門店ではない。他にもプリン、ショートケーキ、モンブラン、エッグタルト、そして焼き菓子やソフトクリームも売っている。どれも魅力的ではある。しかし今、私の心はアップルパイでいっぱいなのだ。ウチにリンゴはいっぱいあるが。

「アップルパイ、二つ……、いや三つ」

秘書アヤヤも食べたがるであろう。ことのほか寒い日だ。仕事を終えて帰ったら、アツアツの紅茶を淹れてみんなで頬張ろう。

「あれ？　アップルパイ焼くっておっしゃってませんでした？」

アヤヤに驚かれる。

「うん。そのためにも、まずはプロの味を知っておくことが大事だからね」

訂正晩餐

野菜サラダ

まったく食欲がない。

こんなことが私の人生にあっただろうか。

もちろん、たくさん食べ過ぎて「もうお腹がいっぱい」という経験は山のようにした。胃腸の循環が滞り、お腹が重いときに「食欲ない」と思ったことも多々ある。しかし、お腹がほぼ空っぽにもかかわらず、食べる意欲が湧かないというのは、いったいぜんたいどういうことだ。

コロナの脅威を改めて思い知った。

「え、コロナになったの？」

感染したことを伝えると誰もが驚く。今頃？ 今さら？ まだコロナって、かかる人いるんだ。人が苦しんでいるというのに、どこか笑っている気配が漂う。

ま、そうですよね。もはや感染症として2類相当から5類へ移行することになり、マスク着用の義務は解け、アクリル板が取り除かれ、旅行へ行くのも居酒屋で飲み騒ぐのもカ

ラオケで歌うのも「原則オッケー」となった今、どこで感染したかは定かでないが、感染しちゃったのである。これまで三年間、あちこちをほっつき歩き、人にも多く会い、それでも一度として感染の疑いすら抱いたことはなかった。もしかして私って、免疫力の高い人間なのかも。そう自負していたところがあった。にもかかわらず、ある日突然、ご神託が下された。

「陽性です」

そのときの心境といえば、ドミノをあと数枚で並べ終えるという直前に、かすかに指が触れたせいで、ドドドドドーッとすべての札がなぎ倒されていくときのような情けな〜い気分である。

かかったものはしかたあるまい。もはや多くの人が経験済みと聞く。初期の頃に比べたら、軽症で済むという噂もある。なんのことはない。最初は無症状に近いほど元気だったので少々楽観していたが、翌日から熱が上がり、喉が痛み出し、鼻の奥がチクチクと神経に障り、咳がこんこん始まって、それでも何とかなる、何とかなると我が身に言い聞かせた。

ほぼ同時に陽性反応が出た同居人は後期高齢者のため病院に入院してもらい、私は「自ら隔離します」と宣言して自宅へ戻る。通いの秘書アヤヤも、「大丈夫ですかあ？」とこちらを気遣うもほどなく陽性が判明。三者三様、それぞれの場所にて七日間の蟄居生活が

始まった。

しかし、症状が進むにつれ、新型コロナとインフルエンザや風邪との決定的な違いを思い知らされる。

なにしろ治療薬がないのである。医者で薬を処方してもらえば二日目ぐらいから楽になる、なんてことを期待できないのだ。

「水分を摂ること。それから、無理にでも食べなさい」

各所からアドバイスがメールで送られてくる。笑っているだけではない。親切な知人友人がたくさんいた。そうかそうか。何か食べなければ。

心ではそう思うのだが、口と胃袋が拒絶反応を示す。水やお茶、あるいはゼリーぐらいしか痛い喉を通らない。

幸い、ウチには食料品も飲料水もまあまあ揃っていた。それらを使って調理すれば、食事を摂ることは可能である。ところが、その気がちっとも起こらないのだ。

朝、喉の痛みを覚えながらベッドの中で朦朧と考える。何か食べよう。何がいいか……。そして思いつく。

お粥でも作るか。と思ったその直後、面倒くさいと目を閉じる。

そうだ、タンパク質を摂れと友達が言っていた。オムレツを作ろう。と思ったその直後、黄色い玉子の姿も見たくない気分になって目を閉じる。

ようやくベッドを出ようという気力が湧いたのは、ミルクトーストのことを思い出したからである。

子供の頃からミルクトーストは病気になったときの特別食だった。食パンを焼き、表面にバターを塗る。砂糖をかけ、上からアツアツに沸かした牛乳をたっぷり注ぐ。牛乳でたっぷたっぷに膨らんだトーストをスプーンですくい、口へ流し込む。温かくて甘くてバターの香りが嬉しくて、それだけで具合の悪さが吹っ飛んでいきそうな気がしたものである。

残念ながら牛乳の買い置きがなかったので、かわりに豆乳を温めて作ってみた。よっこらしょっと食卓に腰を下ろし、一口、スプーンで口へ運ぶ。

ああ、おいしい。と、そういう気持にまったくならない。一口食べたら、「もういらない」とミルクトーストの皿を遠ざけ、しばらく見つめていたけれど、ベッドへ戻ることにした。

前に書いたように、だいぶ昔、雑誌の企画で「最後の晩餐になにを望むか」という取材を受けたことがある。担当編集者に問われたとき、真っ先に頭に浮かんだのはおにぎりだった。小学生の夏、プールでさんざん泳いだあと、家に帰ったら母がおにぎりを用意して待っていてくれた。それを一口、二口食べたとき、「なんておいしいんだろう！」と感動したことが今でも忘れられない。

それより以前、中村玉緒さんに聞いた話が記憶に残っていたせいもある。ご主人の勝新

太郎さんが亡くなってしばらくは、悲しみのあまり食事が喉を通らなくなった。これではいけないと、一日最低一つはおにぎりを握って食べることを自らに課したとおっしゃった。

「おにぎりはお腹に入ったんです。だから出かけるときも、おにぎり一つをバッグに入れて持ち歩いてるんです」

そのとき改めておにぎりの威力を知った。最後の晩餐はやっぱりおにぎりでしょう。担当の方にそうお伝えすると、

「あーー、すみません。おにぎりは前回、選んだ方がいらしたので、できれば他のものでなんとか……」

あら、そうなの。では……、とそこで思いついたのは中華料理の「ナマコの醤油煮込み」であった。

そこから先の顚末は、「最後の試金石」の回に書いたので割愛するが、今回のコロナ闘病中、「最後の晩餐」に「ナマコの醤油煮込み」はやっぱり無理かもしれないと、熱でぼんやりした頭で秘かに訂正した。

思い返せば、我が父の食欲はどれほどのものだったのかと改めて驚愕する。

亡くなる前日に娘が持参したローストビーフの薄切りを三枚ペロリと平らげたのち、さらに「ステーキが食いたい」とのたまった。もはや声はかすれ、体力も落ち、当然のことながら胃腸の消化能力も確実に失っていたであろうときに、娘の私にそう告げたのである。

私が病院へ父の好物とおぼしき食料のあれこれを持ち込むたび、父は不愉快そうな顔をこちらに向け、

「そう、いろいろ持ってくるな。見ただけで食欲が失せる」

現に便秘気味だった父は、元気な頃に比べればかなり食欲を失っていたと思われる。しかし、胃腸が受け付けなくなっても、口と頭では「旨いものを食いたい」と欲していたようだ。

父と似た心境になった経験はある。お腹を壊し、何を食べても具合が悪くなるのに、口では「あれが食べたい、これが食べたい」と想像し、心を躍らせた。口と胃袋は別物なのかもしれない。

しかし、今回のコロナでは、口も頭も胃袋も異口同音。「食べたくない」の一点張りだった。高熱と喉の痛みのせいだったと思われる。

ではなにであれば食べる気になるか。さんざん思考して、再び意を決してベッドを抜け出し、冷蔵庫の前に立つ。

もちろん、冷たいお茶や飲み物は身体が欲しているのでスルリと入る。そうそう、少し熱が下がったとき、辰巳芳子さん直伝の「しいたけスープ」を作り、冷蔵庫で冷やしてときどきお茶のごとく飲んでみたが、確実に元気の素になった。

そうか、スープならいけるか。栄養も豊富だし、いかにも病人には向いていると気づき、

今度は野菜をたくさん入れてミネストローネスープを作ってみたが、これまたカップ半分ぐらいで食べる気力を失った。

こんなに毎日、食が細いとどうなるか。フラフラしながらも心の片隅でかすかに期待する。そしてフラフラと体重計に乗ってみる。あらまあ、順調に減っているではありませんか。食べないと痩せるものだ。鏡に映る自分の顔が、心なしか小さくなっている気がする。つらいけれど、ちょっと嬉しい。でも、いかんせんコロナ患者である。痩せたことで喜んでいる場合ではない。

再び冷蔵庫の扉を開けて物色する。どれなら食べたいだろうか……。

コロナになる少し前、「銀河鉄道の父」という映画を観た。宮沢賢治の妹、トシが結核にかかり、臨終の床から兄に向かって頼み事をする。

「あめゆじゅとてちてけんじゃ」

兄の賢治は急いで庭の松の木に積もる新雪をスプーンですくい、器に盛ってトシの枕元に差し出す。トシはそれを口に含むと、ホッとした顔をする。朦朧とした身体に冷たい雪が染み渡り、さぞや気持よかったことだろう。そしてまもなくトシは息を引き取る。

最期に雪か……。

このたびのコロナ罹患の経験により、私は最後の晩餐を何にするか、考えを新たにした。

もちろん、冷たい水やお茶、しいたけスープやゼリーや果物は有効だった。が、意外だ

ったのは、生野菜ならいくらでも食べたくなったことである。

レタス、キュウリ、トマトなどの野菜を切ったりちぎったりして、塩胡椒、酢と少しのオリーブオイルを垂らし、口に入れると、生き返ったような幸福感に包まれた。これは発見であった。

もしもう一度、あの取材の依頼があったなら、こう申し上げることにしよう。

「私の最後の晩餐は、とびきり新鮮な野菜サラダでお願いいたします！」

新生活

オートミール

「波」誌での連載をまとめた『母の味、だいたい伝授』を上梓した。友人知人に季節の挨拶代わりとして謹呈したところ、ゴルフ仲間の紳士G氏からメールで返信をいただいた。

「僕もオートミール派だ。同じだね」

一瞬、なんのことかわからず、まもなく思い出した。そうだ、あの本の中にオートミールの話を書いたのだった。

八年ぶりに健康診断を受けたところ、動脈硬化が進んでいると診断され、糖質制限を心がけるよう医者から勧められた。その結果、毎朝パンのかわりにオートミールを食べることにした。「オートミールで朝食を」の章で、たしかにそう書いた。しばらく食べ続けた記憶もある。が、まもなく私の健康ブームは去り、オートミールのことなどすっかり忘れ、動脈硬化の恐怖も薄れ、あっという間に糖質を制限しない生活に戻っていたのであった。

もっともそのエッセイの最後でしっかり予言はしていた。きっと長続きしないであろうと。己の性格を熟知していたものだ。いや、そのエッセイを書いている時点ですでに断念

し始めている気配がある。とはいえ、「オートミール生活を始めました」と読者に宣言しておきながら、二年を経ることなくその存在自体を忘れていた自分に呆れる。

このたび拙著をお届けしたG氏に触発された。こういうのを逆輸入というのかしらね。

そうだ、オートミールを食べよう！

こうして私の第二次オートミール生活が始まった。

G氏いわく、

「僕はね、ミルクと砂糖をかけて食べるのではなく、お粥と同じ感覚で、ご飯のふりかけやゆかりなどを乗せて食べているんだけど、なかなかイケるよ」

私もマイブームの最中に、ミルク（実際には豆乳）と砂糖やハチミツなどの甘味を加えて食する方法に飽きたのち、思いついたのは台湾豆乳朝食アレンジバージョンだった。

オートミールに水を加えて粥状に炊き、その上にねぎのみじん切りや生姜、香菜などを薬味として乗せ、塩、豆板醬、醬油、酢などで味付けし、さらに沸騰させた豆乳を注ぐ。我ながら見事な思いつきだった。おいしさに感動した。感動したはずなのに忘れていた。これは動脈硬化より深刻な老化現象かもしれない。

それはともかく、G氏にヒントを得て、新たな食べ方を試してみた。熱々に沸騰させた豆乳を注ぐのをやめ、まさにお粥と同じ要領で食べてみよう。そこで大事なのは、何を振りかけるとおいしいかということだ。

とりあえず、G氏の勧めに従って、ゆかりをかけた。悪くない。続いて台所の抽斗に長く寝ていた玉子ふりかけの封を切って振りかける。これも悪くない。たしか、しば漬けが冷蔵庫に残っていたはずだ。それを乗せ、ついでに白胡麻をパラパラとまぶして食したら、美味であった。ふむふむ。オートミールにはどうやら「ご飯のお供」が合うらしい。私は心を躍らせた。

実は一ヶ月ほど前に引っ越しをした。以前、住んでいた部屋より狭くなった。当然、収納スペースも減った。だから持ち物が収まりきらない。そうなることは引っ越しをする前から承知していた。人生の後半期に入り、所有物を減らしておかないと、私が死んだ後、残された亭主、あるいは兄弟たちが死んだ私を恨むであろう。なんで、こんなガラクタばかり取っておいたのさ。遺品の片付けは大変なんだからね。

すでに弟から忠告されている。親の実家の後始末をした経験から、大変さがほとほと身に染みたのであろう。

「お願いだから、今のうちに要らないモノは始末しておいてよね」

そういう要望も念頭にあったので、今回の引っ越しは断捨離第一段階を目指すことにしたのである。しかし、どれほど努力をしてみても、なかなか減らないのね。

今さら書くまでもないけれど、私は根が吝嗇である。モノを捨てることができないタチだ。まだ使える、まだ食べられると思うものは、とりあえず保管しておこうとする。だか

ら増える一方なのよと周囲からお叱りを受けて半世紀。未だに改善されたためしはない。

もちろん完全に壊れた、あるいは見事に腐ったとなれば、私だって捨てます。そうでない状態にあるものを、どうして捨て去ることができようか。可哀想ではないか。せっかく縁あって私の元へ届いたのだ。空になったクッキー缶とてメロンが入っていた木箱（あれは本当に立派）とて、きれいな包装紙やリボンとて、それらを精魂込めて作った職人が存在するのである。その人たちの気持を察すると、姿かたちが美しいうちは容易に処分できないというのが人の情けというものだ。

そんな性格であるから、当然のことながらモノは溜まる。でも今回の引っ越しで、現実的に収める場所が足りないとなれば、処分せざるを得ないと観念するであろう。

いちおう観念したつもりだった。が、実際、目の前にそのモノを取り出して、「捨てるぞ」と宣言し、見つめるうち、そのモノ君が、「お願いです。お供させてくださいよぉ」と私に懇願するのだ。情け深い私は、家内の他者の視線が届かぬうちに、こっそり引っ越し段ボール箱の底に収めることにする。

「ご飯のお供」もしかりである。そもそも真空パックになっていて、あるいは密閉されたガラス瓶の中にあり、まだ封も切っていないのに捨てるのは気の毒というものだ。裏を返せばギョッとするほど賞味期限の過ぎた「ご飯のお供」ではあるけれど、そこは目に入らなかったことにして、コソコソ新居に連れてきた。そして案の定、棚に入り切らないこと

が判明した。

新居にて収納に苦悩するうち、ふと思い出したことがある。以前、片付けの天才と呼ばれたこんまりさんにお会いした。今や彼女も散らかし放題の腕白ちゃんを抱える母となり、自分の思い通りには整理整頓できないことを悟ったようだが、その噂を聞いてますます彼女に親しみを覚えた。ほらね、捨てられないでしょう。しかし、お会いした当時、彼女に教えられた「片付けのコツ」は役に立った。

彼女は言った。とりあえず、同じ種類のものをひとところに集め、広げて、じっくり見つめてください。たとえばあちこちの簞笥やクローゼットに分散していたTシャツを一堂に集めてみると、「こんなにたくさんはいらない！」と気づくはず。その中から、古い新しいは別にして、「ときめく！」感覚を基準に選び、ときめかないものを処分していけばいいのです。

対談を終え、私は家に帰ってさっそく実践した。言われたとおり、Tシャツから始めた。なるほど一ヶ所に集めてみると、まあ、ずいぶんたくさん持っていること！　我ながら驚く。一枚一枚に思い出がある。これは韓国旅行で買った気に入りの柄。こっちはアラーキーさんの猫の写真がついた一枚。うわ、これは四十年前にハワイのアラモアナショッピングセンターで買ったドピンクTシャツだが、まだ生地がしっかりしているぞ。過去の記憶を呼び起こしつつ、さほど思い入れのないものは脇に寄せる。二枚、三枚、四枚。こうし

て分別し、残すと決めたときめきTシャツだけ（といってもたくさんでしたが）二つのカゴにギューギューに詰め込んで、「Tシャツはすべてココ」と自らに認知させる。それだけでかなり心の整理がついた。が、その感動は次の行動には繋がらなかった。Tシャツ部門の整理だけで力尽きた。

さて、今再びあの方法を思い出し、台所部門でトライしてみよう。同類のものをあちこちに収めるから忘れるのだ。この棚にはお茶類、こっちの棚には缶詰類、あっちの棚には出汁類。他人様にとっては当たり前であろう収納方法が私にはできていなかった。

その要領で、冷蔵庫へ入れる必要のない「ご飯のお供」類をひとところに集めてみる。削り節、塩昆布、白胡麻、胡麻塩、細切り昆布、梅干し、山椒佃煮、ふき味噌、ふきの佃煮、じゃこ、山椒入りじゃこ、アサリの佃煮、海苔、韓国海苔。続いて冷蔵庫の中に入れた「ご飯のお供」を取り出して並べる。瓶詰めウニ、ほぐし鮭、ニシンの醤油煮、いくらの瓶詰め、イカの塩辛、お茶漬け鰻、しば漬け、瓜の漬け物、なんだかよくわからない漬け物、茸くらべ（これは絶品）、ラッキョウ、ふきのとうの佃煮、柚子胡椒。さらにエスニック方面に行きますと、ザーツァイ、キムチ、豆板醬、コチュジャン。加えて明太子とタラコと塩鮭と……。

これだけあれば、毎日、オートミールに一種類ずつ乗せて食べても、おそらく一年は持つであろう。いや、もっと続けられるかも知れない。とすれば、オートミール生活は継続

できそうではないか。そう思ったら、楽しみになってきた。

「具の果て」の章で書いたように、冷蔵庫には得体の知れない瓶詰めが増えていく。それらは調味料として炒飯に使えばいい、と平野レミさんが教えてくれた。

さすがレミさんだ。いいことをおっしゃる。以来、私は炒飯を作るとき、この手の濃い味系をちょくちょく調味料として利用した。

たとえばザーツァイとしば漬けとニンニクの炒飯。すべてを細かく切り、ご飯に混ぜて油で炒める。そこへ玉子や長ねぎを加えることもある。

あるいはイカの塩辛とニンニクとレタスの炒飯。ここへライムと香菜なんぞを加えれば、東南アジアの風が吹く。

ただ、こんなふうに味の濃い瓶詰め食品をいくら炒飯に利用しても、瓶の数はなかなか減らない。なぜか。それほど頻繁に炒飯を作るわけではないからだ。

しかしオートミールは違う。毎朝食べるのだ。毎朝食べると決めたのだ。だから味の濃い「ご飯のお供」は着々と減っていくにちがいない。

でも、ここであることに気がついた。そもそも私はなぜ、オートミールを食べると決めたのか。動脈硬化だからである。血管をこれ以上ボロボロにしないための食餌療法のはずだった。オートミール習慣を続けるため、オートミールをおいしく食べるため、味の濃い「ご飯のお供」をたくさん乗せて、いいのか？

天女の白髪

素麵

素麵の季節がやって来た。

なんと素麵は愛おしい食べ物であろうか。世界に麵を名乗るものは数あれど、これほど繊細にして滋味深い麵は他にないと思われる。

素麵に近いとおぼしきは、パスタの種類の一つ、カッペリーニだろう。

初めてカッペリーニを食べたのはニューヨークのとあるイタリアンレストランだった。四十年以上昔のことだ。ニューヨーク在住の知人に連れられて、薄暗い照明の店内で、その皿は運ばれてきた。当時、私はそんな極細のパスタを見たことも食べたこともなかったので驚いた。

「え、これがスパゲッティなんですか？」

薄暗闇の中、皿を凝視していると、

「これね、エンジェル・ヘアっていうの。今、ニューヨーカーの間で人気があるのよ」

天使の髪の毛？　なるほど粋な名前をつけたものだ。口へ運ぶと、たしかにお洒落な味

がした。と思うが、それがトマトソース味だったか塩味だったか。具はなんだったか。冷たいパスタか温かいパスタか。定かな記憶はない。ただその繊細な麺の細さに驚いたことだけははっきりと覚えている。そして心の中で、「素麺みたい」と思ったのも事実である。

帰国したのち、さっそく素麺を使って試してみることにした。

そもそも素麺は中国から伝来したそうだ。文献によると、製法としては「小麦粉に食塩と水を混ぜてよく練った生地を帯状に細く切って乾燥させる」とある。そうか、素麺はうどん同様、原材料は小麦粉なのだ。ならばエンジェル・ヘアと同じではないか。

単純な私は単純に合点して、素麺を少し固めに茹で、茹でている間、別鍋にオイルを引き、ニンニクのみじん切りとトマトのざく切りをぶち込み、塩胡椒で味つけしたのち、しばし煮詰めてトマトソースを作る。素麺が茹で上がったらざるに上げ、冷水でよくモミモミし、水を切ったらトマトソースの鍋に投入し、少しだけ火にかけてソースと混ぜ、皿に移してテーブルに供する。見た目はニューヨークでいただいた「エンジェル・ヘア」とさほど変わりはない。フォークを伸ばし、麺をからめ取る。口に入れ、しばし咀嚼する。

おいしいではないの。でも、なにかが違う……。コシか？　味か？

これはこれで不味くはないが、ちょっと違う。同じ小麦粉が原料なのに、なぜだろう。やはりイタリアで育った細麺と、中国より伝来し、日本の風土で培われた細麺には、明らかな相違があった。それはあたかも、外国に生まれ育った日本人と土着の日本人の違いと

でも言うべきか。はたまた双子のきょうだいが何かの事情で生き別れ、かたや西洋へ、かたや東洋へ連れていかれ、時を経て再会するものの、身体に染み込んだ習慣や価値観は別のものになっていたという感じ？

いずれにしても、素麺とエンジェル・ヘアは親戚のように見えて赤の他麺であることを思い知った。そして、「素麺はやっぱり、よく冷やし、好みの薬味とともに鰹出汁のきいた醬油つゆにくぐらせていただくのがいちばん！」と再認識した。

もちろん、今でもたまに素麺を使ってスパゲッティのごとく洋風にして食べることがないわけではない。温かい素麺を食べたくなり、鰹出汁を取り、煮麺にして食べることもある。

煮麺も実においしいですね。素麺を茹でて冷水にさらして水をよく切るところまでは前出の通り。別に薄口のつゆを作り、中鉢に入れた素麺の上に温かいそれをかけていただく。そのとき具として私は長ねぎや生姜やシソの葉やみょうがなどを入れるのを好みとしていたが、あるとき、友人たちと居酒屋でお酒を飲んだ後、最後に煮麺を注文したところ、上品な薄茶色のつゆと白い素麺の他に、入っていたのは梅干しと長ねぎの細切りだけだった。そのシンプルな味が、酒で荒れた胃にどれほど優しく染み込んだことだろう。具は多ければいいというものではないことを、そのとき学んだ。

とはいえ、加工癖のある私はつい、あれこれ他の味を求めてしまう。よし、煮麺を作ろ

う。和風がいちばん。煮麺はシンプルに限る。そう頭で確認しつつも、冷蔵庫の扉を開けると、おお、鶏ガラスープを保存してあったのだ。そろそろ使い切らないと腐ってしまう。そうだ、鶏ガラスープで煮麺を作ろう。となれば、和風というよりエスニック風がいいね。

鶏ガラスープを鍋で温め、そこへナンプラーやアジアンスパイシーソースなどを数滴垂らし、醤油と塩で味を整え、ついでに酸味を加えるため、本当はライムがいいが、ないのでレモンを絞り込む。具には茹でた鶏肉のそぎ切りか牛肉の細切り、あとは長ねぎ、すりおろした生姜、そしてなんといっても香菜が欠かせない。ラーメン鉢に盛り、熱々のスープをまず一口。それから箸で麺を持ち上げて、ああ、思い出すなり、アメリカはワシントンD.C.の郊外にあるベトナム麺専門店で食したあの味を。

これもまた四十年近く昔の話であるが、はたしてあの店はまだ健在であろうか。私はその店で初めてフォーなるものと出会い、瞬く間に惚れ込んだ。そして海外旅行をするたびに、当地にあるベトナム麺の店を探し訪れ、フォーを注文した。その後とうとう本場ベトナムを旅する機会に恵まれて、フォーを食べまくった。が、結論としては、どの街のフォーも美味ではあったが、最もおいしいと思ったのは、やはり最初にビビッと来たワシントン（正確にはバージニア州アーリントン）のフォーだったのだ。

で、自分で作ったベトナムフォー風煮麺はどうだったかと申しますに、たしかに雰囲気はフォーであったけれど、フォーではなかった。それはまさに、カッペリーニと似て非な

るものと納得したように、フォーではなく、あくまで鶏ガラスープの煮麵だった。

でも決して不満だったわけではない。じゅうぶんにおいしく、かつ異国情緒を醸し出していた。素麵は素麵なりに頑張ったのだ。主人がイタリア風を求めれば、「チャオ、グラッチェ！」と機嫌よくトマトやオリーブオイルと仲良く融合し、はたまた主人がベトナム風を求めれば、「シンチャオ、カムォン」と優しい笑みを浮かべて香菜やナンプラーの隣に身を沈める。なんと順応力に長《た》けた素直な性格ではないか。

これが同じ細麵でも蕎麦だったらどうだろう。冷水で冷やされてざるの上に乗ることも、あるいは熱々の醬油つゆに放り込まれ、鴨肉や長ねぎやかまぼこと並ぶことにも文句は言わないだろうけれど、オリーブオイルや香菜を近づけたら、たちまちヘソを曲げるにちがいない。

「言っちゃなんだがね、突然こんなわけのわかんない連中と仲良くしろって言われても、そう簡単に、はい、さようでございますかって従うわけにゃいかねえんだよ。だってそうだろ？　日本人なんだからよ。急に外国語喋れとか足長くしろとか言われても、どうすりゃいいの。俺は俺で、今まで信じてきた道をひたすらまっつぐ歩いていくだけ。放っといてくれってんだ、てやんでぃ」

蕎麦がこんな口をきくかどうか知らないが、たぶん、そういうことだろう。蕎麦にグローバル化を求めても無駄である。

では、同じ蕎麦でも中華そばはどうか。中華そばは日本蕎麦ほど頑なではない。もともと中国から渡来したにもかかわらず、いつの頃からか日本において独自のジャンルを切り開き、見事に日本に馴染んだのである。名前も新たにラーメンだ。

私が子供の頃、ラーメンは「支那そば」と呼ばれていた。その後、諸々の事情によって、「支那そば」を名乗る店は姿を消し、ほとんどの専門店が「ラーメン屋」の看板を立てた。ところが一般の中華料理店に行くと、ラーメンは見当たらない。

「最後は麺にする？　それとも炒飯？」

中華料理をひととおり満喫したのち、そういう問い方はするものの、

「最後はラーメン？　それとも炒飯？」とは誰も言わない。なぜならラーメンと中華麺は別麺格であるからだ。

私はラーメン評論家ではないのでこの問題についてこれ以上深く論ずる能力は持ち合わせていないけれど、未だに中華料理店で麺を注文するたび、かすかに首を傾げたくなる。ラーメンと中華スープ麺とは、どこがどう違うのだろう。

しかし思い返せば中国を出自とするラーメンは偉大である。ご先祖様の中華麺と同様、さまざまな動物性の出汁から抽出したおいしいスープの中に浸ることも、あるいはフライパンに放り込まれて野菜や肉とともにカリカリに焼かれることも厭わないばかりか、なんと日本の夏の風物詩の代表格としての確固たる地位を築いたのである。言わずと知れた、

冷やし中華だ。

　堂々たる独立宣言の象徴ではないか。それどころか、中華料理店へ赴いてラーメンはメニューにないけれど、冷やし中華は載っていたりする。なんというパワー。なんたる存在感！　改めて私は冷やし中華の偉大さを知り、そして思いつく。

　素麺で冷やし中華を作ってみたらどうなるかしら。

　冷やし中華に必須なのは、キュウリ、ハム、トマト、そして錦糸玉子である。素麺の具とほとんど変わりがない。もっと豪華にしたいと思えば、クラゲやエビやチャーシューなどを加えてもいい。では素麺と冷やし中華の本質的な違いはなんだろう。タレの味ではないか。醬油や酢に砂糖を加え、甘めにするのが冷やし中華のタレであり、一方の素麺つゆは甘くない。

　それでも素麺に、「今日は冷やし中華になって！」と頼めば覚悟を決めてくれるだろう。

「わかりました。お砂糖さんと仲良くなればよろしいんですね！」

　素麺が合点してくれたのをよいことに、さらにもう一つ頼み事を思い出す。すなわち、冷やし中華には必ず皿の脇に練り芥子が添えられている。ラー油でも豆板醬でもない。芥子だ。誰が思いついたか。この甘味と酸味と芥子の辛みが混ざり合う瞬間こそ、冷やし中華の冷やし中華たる所以とさえ思われる。さて素麺さん、芥子を添えてもよろしくて？

　私の耳に「はい！」という潔い返事が聞こえた。よし、素麺で冷やし中華を作ってみよ

う。素麺の懐の大きさに感謝して、今日から素麺を「天女の白髪」と名づけたくなった。老成した天女のごとく寛容で優雅で謙虚な大和の誇るべき細麺だ。素麺よ、その名で世界へ躍り出ようではないか！

で、「天女の白髪」で作った冷やし中華の味はどうだったかって？　残念ながら誌面がいっぱいになった。いずれご報告できる日を待とう。

寛容なるうどん諸君

炒めうどん

前回、素麺もとい「天女の白髪」で冷やし中華を作ってみた報告をしたい。一言で言えば、「アリなんじゃない？」と、若者言葉を使ってニヤリとしたくなる味だった。たしかに中華麺で作る冷やし中華とは趣が違う。食感も違う。でも、悪くない。肯定的な思いを抱く要因の一つに、付随する材料がいずれもほぼ同じメンバーだったことが考えられる。キュウリ、ハム、トマト、玉子（錦糸玉子を焼くのが面倒だったので、やや甘めのスクランブルエッグという体であったが）、あとは冷蔵庫の在庫具合によって、長ねぎを加えたり大葉やみょうがや香菜などの薬味野菜を足したりする程度だ。

素麺と冷やし中華の本質的な違いはなんだと考察するに、それはタレの味であろう。出汁に醤油とみりんを入れて作る素麺つゆ（プラス私はゆず酢も加えるが）と異なり、冷やし中華のタレは甘い。この甘味が、はたして素麺と仲良くなれるか。そこがポイントだと思っていた。が、順応性の高い素直な素麺君は、そのハードルも難なくクリアしてくれたのである。

「これはイケるね！」

こうして我が家の今夏のメニューにセミレギュラーメンバーとして、素麺冷やし中華が加わった。

「お昼、なににする？」

我が家の相方に問いかけながら、私はもはや素麺の束を手にしている。さて今日は何味でいくか。いちばん得意とする和風スタイルもよし、冷やし中華風もよし。さらに道は大きく開かれて、スパゲッティ用に作り置いたニンニクたっぷりのトマトソースをかけて食べてもよし。

先日は、炒めた鶏の挽肉と玉ねぎの千切り、さらに大葉、みょうがなどを細かく切って、ナンプラー、レモン汁、ミントの葉、ニンニク、生姜、粉唐辛子、少々の砂糖を混ぜ合わせたドレッシングをかけて食すタイ風サラダの一つ、ラープを作ってみたらこれが美味なること。夕食としてご飯に乗せて食べたのち、余ったので冷蔵庫で保管し、翌日の昼に素麺にかけて食べたらまたこれも美味なり。コップンカーのご機嫌気分になりました。あまりにも気に入って、さらに翌日は鯛の刺身で同様のサラダを作り、これも素麺に乗せて満足した。

あちこちで、ラープがおいしいと喧伝しているつもりが、いつからか「ワープがおいしい」と言っていたらしく、なかなか理解してもらえず、「ほら、だからね」とスマホで検

索してみたら、「ワープ」という料理名は出てこなかった。当然か。でもラープとワープは似ていると思う。気分を一気に東南アジアへ飛ばしてくれるのだ。ラープはワープする！

そんなこんなで素麺に夢中な日々を送るうち、ふと視界に乾燥うどんが入ってきた。おお、ご無沙汰であったのう。

思えば冬の季節には三日にあげず、うどんを食べていた。たいがいきつねうどんである。お揚げを思い切り甘く煮て、鰹出汁のよくきいた関西風のうどんつゆを作り、茹でたうどんもろともどんぶりに投入し、上から甘いお揚げと、茹でた野菜、たとえばほうれん草や春菊やチンゲン菜、筒状に切った長ねぎなぞを添え、薬味として柚子の皮や七味をちょいと。こんなシンプルな組み合わせなのに、なぜこれほどおいしいか。淡泊ながらコシのあるうどん。口に入れるとジュワーッと甘い汁がしたたり落ちるお揚げ。爽やかな葉ものやネギの食感。ほのかに鼻を刺激する柚子の香りやときどき喉を通り過ぎる七味の鋭い味わい。京都は祇園の権兵衛にも、大阪は道頓堀今井のきつねうどんにも負けず劣らずの味と自画自賛したくなる。

きつねうどんを食べるたび、グローバルという言葉が頭に浮かぶ。それぞれの具材が独自の力と味を貫き通し、周囲に迎合する気配はないにもかかわらず、ひとところに集まると、見事な融合の妙を発揮する。己の矜持は揺るぎなく、同時に他者との協調を成し遂げ

る。これぞまことのグローバル。まさにきつねうどんはグローバル化の象徴と確信した。しかしこれもまた、食の常なるいたずらか。きつねうどんばかり食べていると、飽きるんですね。そこで私は考える。

たまには炒めうどんも作ってみようかしら。つまりは炒麺である。

ここで疑問が湧いた。炒麺と焼きそばの違いはなんだろう。単なる中国語と日本語の違いだけか。麺を炒めるのと焼くのとは同じ料理法なのか。麺を焼いたら焦げ目がつく。焦げ目のついたカリカリ麺を焼きそばと言い、焦げ目のつかぬように炒めた麺が炒麺なのか。しかし、中華料理店へ行くと、メニューに「かた焼きそば」と「やわらか焼きそば」がある。「かた焼きそば」には焦げ目がついていて麺がカリカリしているが、「やわらか焼きそば」はカリカリしていない。でも、どちらも焼きそばだ。

ちなみに焼きそばには「あんかけ焼きそば」と「焼きそば」がある。が、あんがかかっている焼きそばを注文するときは、「あんかけ焼きそば一つ」と言うが、あんがかかっていない焼きそばのことを「あんなし焼きそば」とは呼ばない。ただ、「焼きそば」と呼んでいる。

では、焼きそばとはなんぞや。辞書で調べると、「中華麺を野菜や肉などとともに炒めた料理」と出てくる。そして昭和の初頭、日本に「ソース焼きそば」というものが出現し、広く人気を博した。そこで「焼きそば」という日本的「炒め中華麺」のほうが名称として

一般的となり、今や中華料理店へ行っても漢字では「上海炒麺」と書いてあるのに、「上海焼きそば」と呼ぶようになったと思われる。

ならば日本で中華麺がまだ市販されていなかった時代、焼きそばを真似て作るために同じ名称である蕎麦を使ってみたかというと、そういう記録は見当たらない。蕎麦を油で炒めてもおいしくなかったのであろう。となると、かわりに身近な麺として何を選ぶか。

さあ、ようやく話が戻りましたね。うどんである。うどんは偉大だ。うどんは油と相性がいい。野菜や豚肉とも即座に仲良くなる。そこで……って、どこだかいつだかわからないけれど、我が家では私が子供の頃から比較的頻繁に「炒めうどん」を作っていた覚えがある。

これをなぜ「焼きうどん」と言わないか。それはウチの両親のせいであり、私の関与するところではない。しかしどう考えても、うどんはフライパンの上で「焼く」わけではなく、他の具材と一緒に炒める印象があるから、名称としては間違っていないと思われる。阿川家の炒めうどんがどんなものであったか、もはや味の記憶は曖昧になっているが、私が作る炒めうどんは、だいたいこんなものである。

まず材料として用意すべきは、うどん。茹で麺でも乾麺でもどちらでもいい。茹で麺なら水で軽く洗っておく。乾麺ならばしっかり茹でておく。あとは薄切りの豚バラ肉。キャベツ、ニラ、もやし、長ねぎ、ほうれん草、ニンジン、セロリ、椎茸、なんでもいいから

冷蔵庫に残っている野菜。欠かせないのはニンニクと生姜だ。海鮮風にしたければイカやエビやホタテを入れてもいいけれど、私はたいがい豚肉で作る。こういう料理は前々から「作ろう」と準備するものではなく、突発的に食べたくなる場合が多いから、とりあえず冷蔵庫や冷凍庫にある材料を使う。だからウチではいつも豚肉と残り野菜なのである。

さて、まず中華鍋に油を熱して、ニンニクと生姜のみじん切りを入れ、細切りにした豚バラ肉を炒める。その上に野菜類をかたい順に加えていき、塩胡椒と醤油、酒で味をつけ、全体がしっとり馴染んだら、そこへうどんを投入する。野菜や肉から出てきた汁をうどんに絡ませる。で、ほぼ出来上がりだ。

皿に盛った炒めうどんを前にすると、私の加工癖がムラムラと沸き上がってくる。そのまま食してもいいのだが、ここへ何を足せばさらにおいしくなるかと考えながら、再び台所へ足を運ぶ。

なんといっても豆板醤。あるいはアジアンチリソース。それから酢。香菜もいいな。さまざまな調味料や薬味を手に食卓の椅子に腰を下ろして、いざ口へ。いやはや炒めうどんは焼きそばとはまた違う、麺と具材のしっとり感が独特の味わいを醸し出していて、おいしいのだ。

実のところ、炒めうどんとほぼ同じ作り方と材料で、麺だけをビーフンに変え、焼きビーフンを作ることもある。そういえば、ビーフンの場合は「焼きビーフン」と言うのに、

うどんになると「炒めうどん」と言うのはどうしたことか。今、気がついた。

焼きビーフンのときは、醬油味でなくカレー味にすることもある。カレー味の焼きビーフンを通常「シンガポールビーフン」と呼ぶ。私が呼んだのではない。世の中がそう決めたようだ。なぜかは知らない。シンガポールの人はカレー味が好きなのかもしれない。

話をうどんに戻す。

先刻、きつねうどんのうどんは他の何ものにも迎合せず、孤高の味を貫いていると書いたが、炒めうどんのうどんは、周囲と距離を置かず、油や肉や野菜とべったりぴったり見事な融合を成し遂げる。醬油や油や野菜の風味と馴染んだうどんの一本を口に入れ、咀嚼して、喉をくぐらせるとき、うどんの偉大さを思い知る。その寛大さと協調性において、素麵と双璧をなすと言えよう。

一口にうどんと言っても、その種類は膨大だ。細いうどん、太いうどん、丸いうどん、平たいうどん、スルスルうどん、モチモチうどん……。

よく「稲庭うどんと讃岐うどんと、どっちが好き?」と聞かれる。問われるたびに私はしばし考え込む。細くて繊細な稲庭うどんは捨てがたい。が、しっかりとコシがあり、うどんうどんしている讃岐うどんも忘れることはできない。

ためしに私は稲庭うどんと讃岐うどんそれぞれで、炒めうどんを作ってみた。結果。どちらも遜色はなかった。口当たりは違う。でも、どちらも立派な炒めうどんの旨味を保持

していた。

個人的に麺は細いほうが好みである。素麺、中華麺、蕎麦も細麺に好意的な傾向がある。かつて極太の田舎うどんを食べたとき、「これはそんなに好きではないな」と思ったが、もしかして炒めうどんにしたら、おいしいかもしれない。うどんに倣い、寛容さをもって試してみたい。

ケチるなバター

ホワイトシチュー

新鮮な牛乳をいただいた。九百ミリリットル入りのボトルである。ペットボトルのお茶のほぼ二倍の量だ。嬉しい。嬉しいけれど、そうそうグビグビ飲めない。

小さい頃は牛乳が嫌いだった。その名残があるのか。もはや嫌いではないが、水のようにグビグビ飲む気にはならない。

こうして、いただいた新鮮な牛乳が封を切らぬまま、冷蔵庫の中に数日間お休みあそばしていた。その事態を発見した相方様が、

「そろそろ飲まないと腐っちゃうよ。せっかくおいしい牛乳なのに」

低く呟いた。たしかにそうだ。ならば牛乳をたくさん使う料理を作ろう。

牛乳を生のまま飲むことには消極的ながら、牛乳を使う料理に好物は多い。クリームコロッケ、レモンライス、グラタン。デザートではミルクシェイクやミルクババロア、ミルキーも大好きだ。

しかしチビチビ使っていては消費期限に間に合わない。何か大量に牛乳を使う料理はな

いものか。

「そうだ！」

思いついた。

「ホワイトシチューはどう？」

いつものことながら、スマホで検索する。各種のレシピが現れた。それらにひととおり目を通し、だいたいの作り方と材料を把握し、そのうちの一つを選ぶ。

正直なところ、今までホワイトシチューを何度か作った覚えはあるが、「わしゃ、天才か!?」と感動するほどおいしく出来上がった記憶がない。だから、やっぱりシチューはデミグラスソース味のほうが好きかなあ、などと思っていた。でも今回はホワイトにしなければならぬ確固たる理由がある。なにしろ、ホワイトシチューのホワイトたる所以は牛乳にあるのだ。

まずホワイトソースを丁寧に作る必要がある。

昔、母が作ってくれた牛ひき肉のクリームコロッケは、牛ひき肉と玉ねぎをフライパンで炒めたあと、ホワイトソースと混ぜ合わせ、冷蔵庫でしばらく冷やして成形し、パン粉をつけて油で揚げるというものだった。そのとき母は、肉と玉ねぎを炒めるのとは別の鍋でホワイトソースを先に作っていた。

厚手のフライパンにバターを入れ、小麦粉を加え、よく炒める。バターと小麦粉が茶色

くなるほど炒めてしまうと白いソースにはならない。焦げないように気をつけて、でも粉とバターがしっかり融合するまで丁寧に炒める。粉っぽさが完全に消えたら、そこへ牛乳を注ぐ。

ここが難しく、そして面倒だった。牛乳を一気にたくさん注ぐとダマができる。一度ダマを作ってしまうとなかなか消えない。なめらかなホワイトソースを作るためには、少しずつ、少しずつ、ちょびちょびと牛乳を注ぎながら、同時に決して焦げないよう杓文字で均等に混ぜつつ、作業を進めなければならないのだ。

この手順を思い浮かべると、ホワイトソースの料理を作ることに躊躇《ためらい》が生じる。面倒だ。やっぱり今日はやめておこう。しかし、あるとき知ったのである。

肉や野菜類を油で炒め、そこへ直接、小麦粉をパラパラパラッとまぶし、肉野菜類が少しねっとりし始めたところに牛乳を一気に注げば、あっという間にホワイトソースの絡んだ具ができる。

これは簡単！

悪魔の手法を知って以来、マカロニグラタンもクリーム煮も（母の定番クリームコロッケはめったに作らなかったが）苦にならず、朝飯前のパッパラパとなった。本当は晩飯前ですけどね。

しかし、この簡単ホワイトソースに慣れるうち、やはりホワイトソースは単独で作って

具と和えたほうがおいしいのではなかろうかという、かすかな疑念が湧いてきた。

そう思っていた矢先、というか、このたびホワイトシチューを作るにあたっていろいろ検索していたら、ネットレシピで見つけたのである。新たなホワイトソースの作り方を。すなわち、バター・ルーというものを事前に作っておく方法だ。

バター・ルーとは、バターと小麦粉を炒めたもので、そこへ牛乳を加えることはしない。別の容器に取っておく。作り方は、鍋にバター五十グラムを入れ、溶けたら一度、火を止めて、そこへふるった小麦粉五十グラムを入れ、よく混ぜる。再び火にかけて、プクプク沸いてきたら火を弱める。

料理の先生・川上文代さんのそのレシピ（ＮＨＫ「きょうの料理」より）によると、「すくうとボテッと落ちるぐらいになってから、さらに一、二分混ぜながら加熱して、小麦粉がさらさらになったら火から下ろす」とあった。しかし熱心に混ぜるまでもなく、どんどん煮詰まっていく。二分も混ぜていたら焦げてしまいそうで心配になった。そこで「さらさら」に至る前に火を止めた。

でもこのバター・ルーが役に立ったことと言ったら、筆舌に尽くしがたい。なんでこの優れた手順を今まで誰も教えてくれなかったのだろう。

さて、ホワイトシチューを作り進めよう。深鍋に油を引いて鶏肉をよくソテーして（私はニンニクも入れました）、いったん鍋からよけておき、そこへバターを投入。続いて玉

ねぎ、ニンジン、マッシュルームなどの野菜を入れて炒めたら、そこへ牛乳をタポタポとたくさん注ぐ。その段階にて、鶏肉さんたち、お帰りなさいませ。深鍋に投入。塩胡椒で軽く味つけし、沸騰しないよう気をつけながらしばらく煮込む。その鶏肉野菜牛乳さらさらスープが煮込まれたところへ、いよいよバター・ルー君のお出ましだ。スプーンですくって、これくらいかな。もうちょっとかな。濃度を見ながら少しずつ。母方式で作るときの、腕がだるくなるような長時間の手間に比べると、なんと簡単なことでしょう。しかも、この手順でいくとダマはまったくできない。ルー君をぼたっとかたまりで入れても、少しだけスプーンですくって投入しても、即座にスープと融合してくれる。なんという順応性。素晴らしきフレンドシップ。

かくして、さらさらスープが少しずつドロリとしたねばりを持ち始めたら、ルー君投入をやめ、最後に別茹でしておいたブロッコリーを入れて、色目もバッチリ、見事なチキンホワイトシチューの出来上がり。

そうしたらですねえ。びっくりしましたねえ、ホントにホントに驚きましたねえ。書いているだけで懐かしき淀川長治節が出てくるほど興奮する理由は、私が今まで作ったホワイトシチューの中でピカイチ・ナンバーワンと誇れる味となったのでございます。

なぜか。

考えましたねえ、考えましたねえ。そしてわかったんです。その秘訣は、バターにあっ

たことが！

お気づきとは思いますが、このホワイトシチュー、ふんだんにバターを使っております。まずバター・ルーを作るために五十グラム。野菜を炒めるのもバター。あとはたっぷりの新鮮な牛乳。まあ、牛さんにどれだけお世話になっていることか。バターをたっぷり使うと、どれほど料理がおいしくなるかを、改めて思い知った気がする。

子供の頃、父はよく言っていた。

「おい、バターをケチるなよ。バターをケチったらまずくなるぞ！」

はいはい、わかってます。母と私はそう答えながら、父にわからない程度にバターをケチろうとしたものだ。だってバターは高級品である。そんなにたくさん使ったらバチが当たる。私とてバターは大好きであったが、贅沢品という認識はおおいにあった。それだけではない。子供の頃はさておき、大人になると、コレステロールの問題も出てくる。バターをそんなに摂ってはいけない。自制する癖がついていた。

だいぶ以前、和田誠さんと好きな食べ物について話をしていたときのこと。

「誰か結婚式に呼んでくれないかなあ」

和田さんがおっしゃった。

「え、結婚式に？」

驚いた。和田さんはジーパンが大好きである。ジーパンで出席できないホテルでの結婚

式などのパーティは苦手だと拝察していた。その和田さんが、なぜ結婚式に行きたいと思っていらっしゃるのか。

「だって披露宴で料理と一緒にパンとバターが必ず出てくるじゃない。もううれしくてね。どんどんパンにつけて食べちゃう！」

どうやらお家では、健康上の理由で奥様の平野レミさんにバターを制限されていたらしい。

その話が面白かったので、私はエッセイに書いた。それからまもなく、和田さんに会うと、

「アガワさんがバターの話、書いたでしょ。レミが読んだらしくて、『外ではバターをたくさん食べてるの？』って。それからますますバターの制限が厳しくなっちゃった。別にいいんだけどね」

別にいいんだと笑いながら、和田さんはとても悲しそうな顔をしていらした。悪いことをしてしまいました。

でも、というわけではないが、私の母もバターが好きで、認知症になったあとも朝ご飯のとき、パンにたっぷりバターをつけて、つけながら、さらにときどき直接舐めて、

「辛酸なめ子、バタなめこ。おいしいおいしいバタなめこ」

勝手な節をつけて歌いながらバンバンバターをつけるので、さすがに心配になり、

「そんなにつけちゃダメ！」

それでも言うことを聞かないので、病院で定期健診を受けた折、「母がバターをいっぱい摂るので困ります。止めさせないといけないですよね」

お伺いをたてると、「よみうりランド慶友病院」の大塚宣夫先生が、

「好きなものは召し上がったほうがいいですよ。食べることに興味があるというのは、生きる意欲がある証拠ですから」

そうおっしゃって、続けて、

「バターの弊害が出るまで十年くらいかかるんです。健康に悪いと制限するより、食べたいという気持を大事にしてあげてください」

そのとき母はすでに九十歳だった。その二年後に息を引き取ったが、バターのせいではない。

私もそろそろ、たっぷりバターを摂っていい年頃になったのではないか。ホワイトシチューはたっぷりバターを入れるにかぎる。

能登餃子の記

手作り餃子

長年一緒にテレビの仕事をしてきたディレクターM子は能登の珠洲《すず》市出身だった。今年の正月、珠洲で一人暮らしをしているお母さんのところへ帰省したとき、地震に遭遇したという。

「もしかして能登にいる？　大丈夫？」

LINEで安否確認をしたところ、

「今、母と一緒に高台へ避難しているとこ。津波警報が解除されるまで待機しなきゃいけないみたい。むちゃくちゃ寒い。近所の人たちも続々集まってます」

生々しい実況中継が返される。

ショックを受けた。こういうとき私になにができる？　東京の暖かい部屋から「頑張れ！」とか「気をつけて」とか無責任な言葉を投げかけるのも違うと思いつつ、しばしやりとりを交わすうち、

「バッテリーが切れちゃうので、いったん切ります」

そりゃそうだ。私とLINEでやりとりしている場合ではない。

「わかった。なんか必要なことあったら知らせてね！」

それからしばらくして、M子がいったん東京へ戻ってきたので仲間と慰労会を開き、現地の状況を訊ねたり、今、何が必要かを確認したりして、帰り際、ささやかながらお見舞い金を包んで渡した。すると数日後、お母さんからお礼の電話をいただいた。

「もしもし、M子の母親です。このたびはありがとうございました」

「いえいえ。どうか身体に気をつけて。今度、珠洲に伺いますからね！」

するとお母さん、すかさず、

「いつ？」

まことに素朴な質問が返ってきた。もちろん私とて社交辞令のつもりだったわけではない。でも心の片隅では、「少し先」の気持だったかもしれない。それが、「いつ？」のひと言で目が醒めた。よし、動くぞ！

こうして、珠洲と東京を行ったり来たりして災害支援や取材を重ねていたM子や町の避難所のリーダーたちと計画を練り、少し寒さがやわらぐ四月初めに伺うことが決定した。その頃には水道も通じているだろうという目算もあった。

そもそもアチラへ行って、私に何ができるのか。歌が歌えるわけではない。音楽を奏でることもできない。落語や漫才も無理だ。炊き出しのノウハウもない。瓦礫の掃除をする

なら長期滞在をしなければ意味がないだろう。ただちょこっと行って、笑顔を振りまくだけでは迷惑になるだけだ。迷っていると、M子が、

「アガワさんに話を聞いてほしい人はたくさんいると思いますよ」

そう言われても……。と、そこで思いついた。

「餃子パーティってのはどう？」

避難所の人たちと一緒に餃子を作りながらなら、自然にお喋りができそうな気がする。

「いいですね。じゃ、ついでにビンゴ大会でもやりましょうか」

こうして「能登・餃子の旅」が始まった。

しかし、能登入り当日になっても珠洲市に水道が通じたという報は届かなかった。水が出なくて餃子は作れるのか。

会場は、避難所近くの公民館を使うことになった。公民館には和室の大部屋と大きな台所がある。台所には鍋やボウルや最低限の調味料も揃っていた。そして餃子作りに必要な水は、毎日避難所に届く給水車の水を利用すればなんとかなると言われた。

あとは材料の調達だ。東京で買って行くと大量の荷物になる。ならばいっそ現地で調達したほうが支援の一端にもなるだろう。避難所近くのスーパーは営業を開始しているという。事前に予約をしておけば手に入るとのこと。とはいえ、いったいどれぐらいのひき肉とキャベツと餃子の皮が必要だろうか。

「何人くらい、集まりそう？」

「わかんないんですが、避難所のリーダーに聞くと、まあ、五十人から、もしかして百人になるかもって」

どんなに大人数のパーティをしたとしても、百人分の料理を作ったことは、かつて一度もない。

「百人として、一人いくつ食べるかな」

「一人六個として、六百個でしょ。もっと？　三十枚入り一袋として三十袋？」

「ひき肉は、五キロぐらいですかね」

「いや、足りないんじゃない？」

不毛な議論を交わすうち、ラッキーなことに、珠洲市でお好み焼き屋さんを営んでいた被災者の女性が助けてくれることになった。プロがいれば安心だ。

こうして我々は金沢まで新幹線、そこからレンタカーを利用して、途中、差し入れのパンを調達しつつ、珠洲へ向かうことになった。道の復旧が多少進んだとはいえ、途中、何度も片側通行になったり、道路がうねうねだったりしたせいで、スピードを出せない。金沢を出てから三時間あまり、ようやく珠洲市宝立《ほうりゅう》町の避難所に到着。さっそく会場となっている公民館に向かうと、すでに台所で十人近くの女性たちが餃子作りに精を出してくださっていた。

「もう餡は作ってありますから。あとは包むだけ」

「わかりました！」

エプロンをかけ、ビニール手袋をはめ、さてどこのチームの餃子包みに参加しようかな。台所では主に女性陣がケタケタ笑いながらどんどん包んでいく。私も負けじと包む。が、ビニール手袋越しに餃子のヒダを作ろうとすると、思うようにいかない。もがいていると、「だいたいでいいんじゃない？」と隣のオバチャンが慰めてくれた。そのうち、少し慣れてヒダをたくさん折れるようになった頃、

「あら、アガワさん、上手」

「まあ、ホント。上手だねえ」

恐れ入ります。私はいったい何をしに来たのでしょう。慰められたり褒められたり。

続いて和室の大部屋を覗くと、そちらでも家族連れが小さな子供も一緒に餃子包みを頑張ってくれていた。お母さんが、

「昨日、この子が餃子食べたいねって言ってたんですよ。嬉しいね、今日はね」

子供に語りかけるように笑顔で話してくれた。よかった。本当によかった。

普段は台所仕事を女性に任せてばかりの能登の男性陣も、初めての餃子包みに挑戦してくれた。

「ヒダなんかできんよ」

そう言うお父さんに対しては、

「ヒダ、まったくつけずに、ただ半分に折ってぴったりつければそれでよし！」

女性陣が背中を押す。

実はこの餃子の日、アルピニストの野口健さんがちょうど七尾市でボランティア活動をしていると聞いていたので、誘ったところ、わざわざ車で珠洲までいらした。餃子包みにも参加して、ヒダのない餃子をたくさん作ってくださった。

「はい、焼けたよお」

見事に焦げ目のついた焼きたて餃子が大皿に乗って大部屋に順次届く。

「あ、私も運びます」

そう言って、ビニール手袋をはずし、いったん台所で手を洗おうとするけれど、それはできない。そうか水が出ないんだ。濡れティッシュで手を拭いて、ふと横を見ると、今度は水餃子作りが始まっている。ガス台の上に置かれた大鍋に出汁で味つけされたスープが満たされていた。

「どう、味、薄い？」

小皿に取って口に入れ、

「うーん、まだちょっと薄いかな」

オバチャンたちの会話が飛ぶ。

「ネギを入れたら味がつくでしょ」

「ネギ入れたら、もっと薄くなるよ」

なにが正解かわからぬうちに、「まあ、いいか」ということになり、そこへ今度はヒダの少なめ餃子をぼんぼん放り込む。学校給食を作りにきた気分である。

「ほい、焼き餃子の次は水餃子！」

大部屋にも徐々に人が集まってきた。ビールやお茶で乾杯しながら、餃子をつっついている。

「お、やって来たな、こなきじーじ」

遅れて到着したのは、自らも被災しながら避難所の管理運営に携わっているオジサン。マスクを取ってニッコリ笑った顔が本当に「子泣き爺」にそっくりだ。

「おお、新鮮なイカが届いたぞー」

続いて現れたるは細身の若者。手にはイカの刺身が山盛りにされた紙皿がある。ご両親が津波の被害に遭い、自身は糸魚川で仕事をしていたが、たまたま帰省して災害に遭ったのでそのまま長期休暇を会社に申請し、地元で避難所の人たちの世話をしているという。彼が釣ったイカの新鮮で甘かったこと。野口健さんも絶叫するおいしさであった。

そのイカ青年としばし話をした。帰省して被災してしまった若い人たちも多かったんですよねと私が投げかけると、

「でも、僕ら若い人間が帰ってなかったら、潰れた家から人を救出することはできなかったと思うんですよ。自衛隊が到着するのは二日目の午後でしたからね。その前に僕ら、若いのが集まって、重機持ってる人は持ってきて、あちこちの潰れた家を回って十何人のじいちゃんばあちゃんを助けることができた」

そうか、なるほど。

「別に自慢したくはないんですけど」と、はにかんだ顔が美しかったイカ青年。その隣に少し酔いが回ったか、ヘラヘラッと笑い続けている白髪ホワンホワンのオジサンがいる。見た目はホワンホワンだが、電機会社に勤めていた有能技師だそうで、今回の震災でも電気系統の問題やコンピュータートラブルなどを一気に解決したという頼もしい存在。そのお顔を眺めているうちに、

「なんか、バック・トゥ・ザ・フューチャーに出てくるドクに似てません？」

そう言うと、ホントだホントだ、ドクだ、ドクそっくりという騒ぎが起こり、以来、彼をドクと呼ぶことにした。

大量の餃子も尽き果てようとする頃（避難所から来られなかった人たちのお土産にもなり）、台所ではすでに片づけが始まっていた。鍋や皿類についた汚れをオバチャンたちがせっせとティッシュで拭き取っている。そうか、水が出ないから……。あとで貴重な給水タンクの水を少しだけ使って洗うのだという。そんな手間を面倒とも思わず、ビニール袋

の上でトイレを済ませて凝固剤を入れ、口を結んで捨てるなんてことも厭わず、いや、本当は大変だろうと思うけれど、みんなキャッキャキャッと喜んで、「楽しかったよお」「おいしかったねえ」と私とハグして写真撮って、お別れした。

「能登はやさしや　土までも」

今回の震災で知ったこの土地に長く伝わる言葉である。

彼らの我慢は果たしていつまで続くのか。M子のお母さんに、「次はいつ？」と聞かれる前に、今度は私になにができるか、考えよう。

始まりはシェルター

冷蔵庫の残り物

初めて自覚的に台所へ足を踏み入れたのは、おそらく四、五歳のことだったと思う。別に料理に関心が高かったわけではない。人のすることは何でもかんでも真似したい性分だったせいだ。私にとって台所は、いわば遊園地のような魅力溢れる場所だった。母がまな板の上でトントン音を立てて野菜を切っていると、

「佐和子もやる～」

即座に飛んでいった。

母が流しの前に立ち、背中を丸めてシャカシャカお米を研いでいると、

「佐和子もやりたい～」

椅子を持ってきてその上によじ登り、母と同じ背丈になって横からお釜に手を伸ばした。そのとき、母が、「じゃ、やってごらんなさい」と私に許可を出したのち、

「お水が澄んでくるまで研ぐのよ」

そう教えられたのをはっきりと覚えている。おかげで長い年月、母の教えを律儀に守り、

毎回、水が透き通るほどになるまで指先で米を洗い、手の腹でもみ、水を替えて五回も六回も研ぎ続けた。ところが、大人になると、各方面から非難されるようになる。

「アガワがお米をいじめてる」

「今のお米はそこまで研がなくてもきれい」

「そんなに研いだら米が潰れてしまいます」

そしてあるとき、我が母が娘の米研ぎ姿を見て言った。

「ずいぶんしつこく研ぐのねえ」

私は驚いて振り返った。

「え？　母さんが教えてくれたんだよ。お水が透き通るまで研ぎなさいって」

するとは、

「そんなこと言った？　とにかくそれは研ぎすぎ」

どうやら「透き通る」の概念が、私と母の間で異なっていたらしい。幼い私は、「透き通る」とは顔が映るほどの透明感を指すと思ったのである。解釈の齟齬を知ったのは、三十歳を過ぎてはるかのちのことである。

何でもかんでも自分でやってみたかった幼い頃の私は、夕方、外で遊んで帰ってきたとき、廊下の先の台所の床板に座り込み、広げた新聞紙の上でクリームコロッケを成形している母の姿をめざとく発見した。たちまち私は叫んだ。

「佐和子もやる～」

叫ぶと同時に走り出した。まっすぐに長く伸びた廊下を全速力で走った。が、途中でブレーキがきかないことに気づく。あ、どうしよう。ギャ、止まらない。そしてそのまま母のもとへ突進し、新聞紙に並んでいた可愛いクリームコロッケを一つ、二つ、三つ、四つと足の裏で押しつぶした末に、ようやく止まった。

この話はすでに何度も書いたので重複になるけれど、その後、母にこっぴどく叱られたか、父に勘当寸前のお仕置きをされたか、そのあたりの記憶が飛んでいる。誰しも都合の悪い過去の映像は曖昧になるものだ。

とはいえ、まんざらドジをしでかしてばかりでもなかったと思われる。

これもまだ小学校へ上がるか上がらぬかの年頃だったと記憶するが、ある日の午後、私は台所の隅に置かれていた糠床の壺に手を突っ込んで糠味噌をかき混ぜていた。まもなくきもの姿の父が近寄ってくる気配を感じた。

何を叱られるのだろう。反射的に身体がこわばった。

基本的に父が私に声をかけるときは、ほとんどの場合、叱ることが目的である。なにかにつけて私は叱られた。

なぜ時間を守らない。

静かにしなさい。

扉をちゃんと閉めなさい。

この手の叱責はわかりやすい。指摘されたことに従えば許される。が、問題は、父がどういう理由で私に怒りを抱いているのかわからないときである。たとえば誕生日に家族で外食をした帰り、「寒い」と呟いたら父の機嫌が一気に悪化したり、「生クリームをつけていちごを食べたい」と言っただけで「出て行け！」騒動に発展したりする。その怒り具合が尋常とは思えず、私の目は恐怖のあまり涙でいっぱいになる。さんざん泣いたあと、ヒクヒク呼吸している私に向かって父は必ずと言っていいほど、次の台詞を吐いたものである。

「何が悪かったのか、わかったか」

何が悪かったのだろう。よくわからない。でも「わからない」と答えたら、また父は怒鳴り出すにちがいない。そこで私はしかたなく答える。

「わかりました」

すると父が再度、問う。

「何がわかった？」

私は答える。

「佐和子が悪かったことが、わかった」

たちまち父の表情がかすかに和らぎ、

「わかったならよろしい。もう寝なさい」

こうしてまた、この家で生きていくことを許されるのであった。

父とはそういう存在であると普段より認識している幼い子供にとって、父がそばに寄ってくるだけで緊張するのは当然のことであろう。その日もそうだった。

何を叱られるのだろう……。

恐る恐る糠味噌から目を離し、父を見上げると、驚いたことに、穏やかな優しい顔をしているではないか。父は母に向かってこう言った。

「コイツは臭い糠味噌を嫌がらないぜ。こりゃ筋がいい。料理の素質がある」

おもむろに私の頭をなでてくれたのだ。

何が起こったんだ？　極めて珍しい現象だ。そして私は学習した。

台所仕事を手伝っていれば、父の機嫌が悪くなるおそれはない。台所にいれば、私はどうやら平和に生きていける。

こうして台所は私にとって遊園地であると同時に、父の癇癪から逃れることのできるシェルターとなった。

今でもときどき考える。はたして私は料理を作ることが好きなのだろうか。格別、好きなわけではなく、ただ叱られずに済むから料理を作り始め、それが生活の習いになっただけなのかもしれないと。

とはいえ、お腹が空いたら、できるだけおいしいものを食べたいという欲求は他人様より強いほうだと自覚している。これは意図せず父から受け継いだ性質かもしれない。もっとも、気に入らない食事に出くわして、「どうしてくれる！　あと死ぬまでに食べられる回数は限られているというのに一食損をしたじゃないか！」と激怒する父ほどの熱量はない。が、まずくても栄養になるのならなんだってかまわないというほど食に対して諦観はしていない。

そもそも、おいしいとはどういうことだろう。人によって味の好みも育った食環境もそれぞれに違う。濃い目の味つけを「おいしい」という人がいれば、薄口を「おいしい」と感じる人もいる。絶対的なおいしさなんて存在しないはずである。

同じ料理でも誰とどこで食べるかによってもおいしさは異なる。同じレシピで作ったはずなのに、前回ほどおいしく出来上がらなかったという経験は腐るほどしてきた。以前、気の置けない友達と来たときに感動したので、その店に仕事仲間を招待して二回目に訪れてみたところ、まったくおいしく感じられなかったという苦い思い出もある。

たぶん私にとって「おいしい」は、料理そのものの味や素材の力もさることながら、その品を口に運び、歯で噛みしめ、舌で受け止め、喉を通過させ、ほぼ空っぽの胃袋に運ばれるまでに発生する興奮の総合的印象なのではないか。そのとき一緒に食している相手や仲間と顔を見合わせて、「おいしいねえ」と頷き合う効果もそこには含まれる。もちろん

一人で、自分の作った料理を自画自賛して「わしゃ天才か！」と叫ぶこともないわけではないけれど、できれば味を共感できる存在のいてくれることが望ましい。

加えて私はケチである。もはや読者諸氏はとっくに気づいていらっしゃるでしょうけれど、もったいないという言葉に敏感……というか過敏である。だから、そろそろ腐りそうとおぼしき野菜や瓶詰めの数々をこっそり加工して、そこそこの味に仕上げることができたとき、自分ではかなりの確率で「おいしい！」ものになる。客人に振る舞いたくなるほどの自信作ではないとしても、危うくゴミ箱行きになりかけたものが生き返った喜びとでも申しましょうか。これもまた見事に「おいしい」瞬間なのである。

古稀を過ぎ、最近ようやく自分が料理好きであるような気がしてきた。そう思うに至った要因の一つはコロナである。コロナ時代、朝昼晩と家でご飯を作らなければいけなくなり、そのときに特訓したおかげではないかと思われる。四六時中、献立のことを考える癖がついた。朝、目を閉じたままベッドの中で悶々と思考する。

冷蔵庫に残っていたものは何だっけ。冷凍庫にステーキ肉が二枚ある。今夜はステーキにしよう。ステーキは簡単で、しかも文句なく亭主殿が喜ぶ献立だ。副菜はジャガイモを茹でてマッシュポテトにしようか。この間、人から教わった洋風肉じゃがもいいな。でも、主菜がステーキだもんね、肉じゃがでは肉が重なる。やっぱりジャガイモは茹でて……、そうだ、イカの塩辛の瓶詰めがそろそろ限界かもしれない。賞味期限はとうに過ぎている。

味見をして大丈夫だったら、茹でたてのジャガイモの上にのせて居酒屋風にしよう。あと、レタスと、表面が少し黒ずんできたカリフラワーを使ってサラダを作るかな。おっと、思い出した。先週、大量にニラを買い込んだのだった。あれを先に使うべきかもしれない。ニラといえば豚ニラがいちばん簡単だ。久しぶりにニラのたっぷり入った中華粥も食べたいぞ。でも晩ご飯に中華粥ではちょっと物足りないかしら。ステーキはどうする。明日にするか。今夜は豚ニラ炒めと湯豆腐と……、しまった、今日、知り合いから鴨肉が届く予定だったんだ。まずは新鮮な鴨肉をいただかないとバチが当たるぞ。鴨と言えば、鴨にオレンジソースかしら。オレンジを買わないと。いや、少ししぼんだ到来物のみかんが冷蔵庫で眠っているではないか。あれで代用すればじゅうぶんだ。鴨南蛮そばもいい。だいぶひん曲がった長ねぎを使おう。蕎麦はあったか？　そうそう一昨年の年越しそば用に買った乾麵がたしか残っていたはずだ。

新たな食材と怪しい食材をどう組み合わせるか。行き着くところ、それが私にとっては料理の醍醐味であるらしい。

初出　「波」（新潮社）２０１８年４月号～２０２４年５月号の連載
「やっぱり残るは食欲」より抜粋し、順番を入れ替えるなどした。

装画　荒井良二
装幀　新潮社装幀室

レシピの役《やく》には立《た》ちません

著者

阿川佐和子《あがわさわこ》

発行

2024年5月30日

発行者 佐藤隆信

発行所 株式会社新潮社

〒162-8711 東京都新宿区矢来町71

電話 編集部 03-3266-5411

読者係 03-3266-5111

https://www.shinchosha.co.jp

印刷所

大日本印刷株式会社

製本所

加藤製本株式会社

乱丁・落丁本は、ご面倒ですが小社読者係宛お送り下さい。

送料小社負担にてお取替えいたします。

価格はカバーに表示してあります。

ISBN978-4-10-465524-3 C0095

アガワ家の危ない食卓　阿川佐和子

「まずいものは食いたくない」という父。食いしん坊で怒りん坊の亭主のために台所に立ち続けた母。女優業にも忙しくなった娘。食べることに一癖ある家族の情景。

母の味、だいたい伝授　阿川佐和子

亡き母の味を再現しようと奮戦し、動脈硬化を注意され、好物の牡蠣に再三あたり、でも食欲と好奇心は相変わらずの日々から生まれた風味絶佳のおいしいエッセイ集。

☆新潮モダン・クラシックス☆
ウィニー・ザ・プー　A・A・ミルン　阿川佐和子訳

「クマのプーさん」新訳。途方もないユーモアと間抜けな冒険と永遠の友情で彩られた、クリストファー・ロビンとプーと森の動物たちの物語がアガワ訳で帰ってきた。

☆新潮モダン・クラシックス☆
プーの細道にたった家　A・A・ミルン　阿川佐和子訳

間抜けな冒険、旺盛な食欲、賑やかな森、そして永遠の友情——。クリストファー・ロビン、クマのプー、年寄りロバのイーヨーたちが清爽な新訳に乗って帰ってきた！

新潮CD
食味風々録　朗読・阿川佐和子　原作・阿川弘之

文業六十年の大家が食にまつわるエピソードを描いた「読売文学賞」受賞の名エッセイを、長女・阿川佐和子が「初めて父の作品を朗読」した記念すべきCD。

〈阿川弘之全集〉
①小説Ⅰ　春の城 他　阿川弘之

阿川弘之六十年の文業を集大成。敗戦直後、郷里広島へ帰った著者の出世作「年年歳歳」、戦時下の苦悩する青春群像を描く「春の城」など、初期の小説十三篇。